Die Spuren der Engel

Uwe Wolff

Die *Spuren* der *Engel*

HERDER

FREIBURG · BASEL · WIEN

Für Undine,
dankbar für zehn Jahre
Licht, Leben und Liebe

www.herder.de

Einbandgestaltung: Christina Krutz Design, Biebesheim am Rhein
Einbandmotiv: Edward Robert Hughes, Night with her train of stars and her great gift of sleep (1912)

Innenlayout und Satz: Arnold & Domnick, Leipzig
Herstellung: Graspo CZ a.s., Zlín

Printed in the Czech Republic

ISBN 978-3-451-33903-5

Inhalt

Engel der Geburt

Seit wann bin ich?

Eine blühende Wiese im Paradies. Darinnen der Baum des Lebens und der Baum der Erkenntnis. Mädchenhafte Engel in weißen und pastellfarbenen Kleidern, wohin das Auge blickt. Sie tanzen einen Reigen. Sie weisen den Weg. Sie schweben und segnen.

In der Mitte des Gartens sitzt eine Gruppe aus vier Personen: Vater und Mutter herzen ihr Kind. Eine große männliche Gestalt nimmt die Familie in die Arme. Die Eltern schauen sich an. Der große Mann und das Kind fixieren den Betrachter. Unter ihnen schwebt eine Dreiergruppe: Vergangenheit, Gegenwart, Zukunft. Ein Alter mit halb verhülltem Haupt, ein junger Mann mit wehendem Umhang und eine aus dem Paradiesgarten entschwebende Gestalt.
Der Blick richtet sich auf die Gegenwart: Im Himmel ist ein Kind ins Leben gerufen worden. Neben ihm kniet sein Schutzengel mit ausgestreckten Armen. Er ist bereit, das Neugeborne zu empfangen. Der Schutzengel wird dem Kind in guten und in bösen Tagen zur Seite stehen und es eines Tages zurück zu seinem Ursprung führen. Fragen nach dem Ursprung erwachen in jedem Menschen:

Wer bin ich?
Warum bin ich – ich und nicht du?
Warum bist du mein Vater und du meine Mutter?
Warum bin ich nicht in Afrika zur Welt gekommen?
Wie kann Gott mein Vater sein,
wenn ihr doch mein Vater und meine Mutter seid?

Doch auch die Erde fordert ihr Recht. Die Schule will bewältig, eine Ausbildung abgeschlossen, eine Familie gegründet, vielleicht ein Haus gebaut werden. Plötzlich ist die Himmelsfrage wieder da: Wer bin ich? Sie weist über den Alltag hinaus und fragt nach dem Grund allen Lebens.

Seit wann bin ich?
Seit ich zu Besitz und Ansehen gekommen bin?
Seit die Kinder Schule und Ausbildung erfolgreich abgeschlossen haben?
Seit die Altersvorsorge gesichert ist?

Der französische Künstler Louis Janmot (1814–1892) malte den doppelten Ursprung des Menschen als Himmelskind und Tochter der Erde, Kind des Lichtes und Sohn von Mutter Natur. In einem großen Bilderzyklus stellte er das Schicksal der Seele zwischen Himmel und Erde dar. Über 50 Jahre arbeitete er an der Bilderfolge. Das erste Bild trägt den Titel „Génération divine“ („Göttliche Generation“) und zeigt den himmlischen Ursprung der Seele.
Seit wann bin ich? Das Geheimnis der Identität enthüllt sich in der Stunde der Geburt. Sie ist für Louis Janmot nicht der Tag, den Menschen als ihren Geburtstag feiern, nicht der Tag der Zeugung, sondern jene Paradiesesstunde, in der die Liebe einen Menschen ins Leben rief. Auch Itzik Manger (1901–1969) weiß in seiner jiddischen Erzählung „Mein letzter Tag im Paradies“ von diesem Vorleben zu erzählen. Er kennt sogar eines der himmlischen Wiegenlieder:

Schlaf, mein Engelchen, mein kleines,
Schlaf mein Engelchen, mein feines,
Ruh aus das junge Flügelein,
In der Mutter Wiegelein,
Aj liu, liu ...

Vergiss die himmlische Heimat nicht!

Ein Engel brachte dich zur Welt. Er legte dir seinen Finger auf den Mund und flüsterte: „Vergiss niemals deine himmlische Heimat. Denn du bist nicht nur ein Kind aus der sichtbaren Welt." Auf deiner Oberlippe ließ der Finger des Engels eine kleine Einbuchtung zurück. Sie ist ein Zeichen der Erinnerung an die überirdische Herkunft der Seele. So erzählt es eine alte Legende.

Vom Himmel schwebt ein Seraphim mit sechs Flügeln auf die Erde hinab. Er wird von vielen kleinen Schutzengeln begleitet. Einige tragen

Lichter der Liebe und der himmlischen Erkenntnis. Auf dem Weg in die sichtbare Welt verwandeln sich die Putten in Seelenvögel. Sicher hält der große Engel das Kind in seinem Arm. Es ist ein Glückskind, geschützt von einer Haube aus blauen Federn. Wie bei einer Hochzeit gleiten Blumen aus der rechten Hand des Engels. Vermählt wird das Himmlische mit dem Irdischen, die Seele mit dem Leib, das Unvergängliche mit dem Vergänglichen. So entsteht der Mensch.

Sind Engel weiblich oder männlich? Im königlichen Blau der Nacht erscheint ihr Geheimnis in Gestalt einer Frau mit wehendem gelockten Haar. Eine Hebamme des Himmels mit den sechs Flügeln der Seraphim. Die Krone zeigt ihre hervorragende Stellung. Liebevoll ruhen ihre Augen auf dem Kind.

Die Nacht kommt mit Engeln und Lichtern und bringt das große Geschenk des Schlafes. Im Traum kommen wir zur Ruhe und verarbeiten die Eindrücke des Tages. Edward Robert Hughes (1851–1914) malte das Bild im Jahr 1912. Das Zeitalter der Psychoanalyse hatte begonnen. Sigmund Freud veröffentlichte sein Buch „Traumdeutung“ (1900). Der Traum diene der Wunscherfüllung, sagte Freud. Durch die Analyse von Träumen könne der Psychoanalytiker in die Nacht des Unbewussten vordringen und den Text unserer Seele lesbar machen.

Der geheimnisvolle Engel im dunklen Blau führt in ein anderes Mysterium. Es ist unergründlich wie die Seele und leuchtet groß und schön wie die Herrlichkeit der Sterne am nächtlichen Himmelszelt. Seine Welt ist Licht, Liebe und ewiges Leben. Der königliche Engel der Geburt legt den Zeigefinger auf seinen Mund. Er offenbart dem Kind ein Geheimnis:

Schweige und höre, neige deines Herzens Ohr dem Klang, der sich wunderbar um dich breitet. Du bist nicht nur von dieser Welt. Im Traum kannst du fliegen. Im Traum erfährst du das große Geheimnis. Gleich wird der Engel im blauen Gewand die Lippen des Kindes berühren. Dann kommt es zur Welt.

Edward Robert Hughes malte ein Bild von traumhafter Schönheit. Schwangere, kleine Kinder aus Kindergarten und Grundschule, Großväter mit ihren Enkelkindern, frisch Verliebte und jugendliche Großmütter stehen mit leuchtenden Augen vor dem im Birmingham Museum ausgestellten Bild.

In England kennt jedes Schulkind jene Gruppe von Malern, die sich Präraffaeliten nannten. Hughes ging bei William Holman Hunt (1827–1910), einem der Gründerväter, in die Schule und half ihm im hohen Alter, seine letzten Werke zu vollenden.

Die romantischen Bilder mit Engelmotiven entstanden in der Zeit der Verstädterung, der Industrialisierung und der Naturwissenschaften. Die Bilder faszinieren gerade heute, nicht weil sie Ausdruck einer Flucht vor der Moderne sind, sondern deren notwendige Ergänzung durch den Blick nach Innen.

Schutzengel, Mutter und Kind

Ein blauer See in karger brauner Landschaft. Abendlicht fällt auf das Gesicht einer Mutter. Die barfüßige Frau im schlichten blauen Gewand hält ihr Kind in den Armen. Es trägt ein rotes Gewand und einen weißen durchsichtigen Schleier. Die Mutter neigt das Haupt und küsst ihr Kind. Einen Schritt weiter kniet ein Engel in blond gelocktem Haar. Sein weißes Gewand ist aus dem gleichen Stoff gefertigt wie der Schleier des Kindes. Die Mutter drückt das Kind an ihr Herz, der Engel öffnet seine Seele zum Gebet. Der Blick und die gefalteten Hände weisen himmelwärts über die Hügelket-

te am Horizont hinaus. Mit dem Kind ist der Himmel auf die Erde gekommen: Das Blau des Himmels spiegelt sich im See und im Gewand der Mutter. Federleichte Tücher aus Gaze gehören in jede Erstausstattung für Babys. Sie sind vielfältig einsetzbar. Die Mutter kann es sich nach dem Stillen als Spucktuch über die Schulter legen. Es schützt das Kind vor Sonne und Mücken und im Sommer dient es als leichte Decke. Doch dieses Tuch ist von besonderer Art. Es trägt die weiße Farbe der Flügel und verströmt den Wohlgeruch des Himmels. Eine Engelhaut. Ein himmlisches Schnuffeltuch zur Erinnerung an den Schutzengel, der einst die Seele des Kindes zur Welt brachte.
„Der Engel und die Mutter" („L'Ange et la mère") von Louis Janmot ist das Bild einer Partnerschaft von Mutter und Schutzengel. Verbunden sind sie in der Empfindung tiefer Dankbarkeit für das Wunder des Lebens. Die Mutter segnet ihr Kind mit einem Kuss auf das Haupt. Der Engel erbittet den Segen Gottes für den weiteren Lebensweg seines Schützlings.

Schutzengel sehen, was nicht vor Augen liegt:
Die verhüllte Wahrheit.
Den Lebensplan.
Die Sendung eines Menschen.
Seinen Auftrag.
Schutzengel kennen das Verborgene.
Den Wesenskern.

Noch bevor das Kind „Mama", „Papa" oder „Gott" sagen kann, redet sein Schutzengel zu den Eltern. Der Schutzengel spricht durch das Gewissen

der Eltern, durch das Wiegenlied der Großmutter, durch die entspannte Körperhaltung des Kindes im Schlaf.
„Angelcare" heißt ein bei Eltern beliebter Geräusch- und Bewegungsmelder. Er reagiert auf alle sinnlich wahrnehmbaren Reize. Wenn das Kind erwacht, übermittelt das Gerät sein Brabbeln und Grummeln in sämtlichen Tonlagen. Auch ein Klettern über den schützenden Rand des Gitterbettchens wird sogleich gemeldet.
Schutzengel sind Geräusch- und Bewegungsmelder für die Signale aus der inneren Welt. Sie sind die Seelsorger ihrer Schützlinge. Ihrem Seelenheil dienen auch die Gebete, die sie in den Himmel richten.
Louis Janmot (1814–1892) war nicht nur ein religiöser Maler in der Mitte des 19. Jahrhunderts, er engagierte sich zugleich als Mitglied der Gemeinschaft des Heiligen Vinzenz von Paul in sozialen Bereichen. Bereits als Kleinkind hatte er den Tod von Bruder und Schwester erleben müssen. Als er 14 Jahre alt geworden war, starb seine Mutter. Vater geworden, hatte er den frühen Tod eines Kindes erleiden müssen. Seine Frau Léonie de Saint-Paulet überlebte nicht die Geburt ihres siebten Kindes.
Der betende Schutzengel auf dem Bild kennt die Gefährdungen des Lebens von Müttern und Kindern. Er hat Familientragödien gesehen: eine Mutter, die ihre drei Kinder verlässt, einen Sohn, der seinen Vater grundlos verachtet, einen Lehrer, der das Talent seines Schülers verkennt ...
In jedem Leben will ein Glanz des Himmels aufleuchten. Der Schutzengel kennt den Auftrag seines Menschen. Er weiß zugleich um die äußeren Gefahren und die Gefährdungen, die aus der eigenen Natur kommen. Seine Fürbitte gilt dem Sieg der Liebe, des Lebens und des Lichtes.

Engel der Erlösung

Ein hochbegabtes Mädchen

Wer wünscht sich nicht eine engelgleiche Lehrerin für Kinder und Enkelkinder, Nichten und Neffen, für Hochbegabte und Schüler mit Förderbedarf? Eine Pädagogin mit liebendem Blick, die Talente erkennt, eine Erzieherin, die mit Geduld fordert und fördert.

Das Bild zeigt eine pädagogische Urszene, ein Lernen mit Kopf und Hand: Sechs Bücher liegen übereinander gestapelt. Auf ihnen steht eine Lilie, deren Motiv von einer Schülerin auf ein rotes Tuch gestickt wird. Hinter dem Mädchen im schlichten grauen Gewand einer Schulkleidung steht eine kleine Orgel auf den Fliesen.

Die junge Frau hat einen hellen Kopf und genießt das Privileg einer literarischen und musischen Förderung ihrer besonderen Talente im Einzelunterricht. Das kann sich nicht jeder leisten. Doch die Leitsätze ihrer Erziehung gelten für alle Schüler und Schülerinnen. Denn über sie wacht der kleine Engel des Lernens, der jedem Kind zur Seite gestellt ist. Mit dem gleichen konzentrierten Blick wie die Schülerin schaut er auf die Lilie. Seine Rechte berührt das oberste in prächtiges Gold gebundene Buch, seine Linke die Blume mit den weißen Blüten der Reinheit.

Die Bücher sind mit den Namen von sechs Tugenden beschriftet. Sie zeigen, worauf es bei jeder Erziehung ankommt, gleichgültig, welche Schule besucht wird und wie groß die anvertrauten Talente sind. Zu unterst liegen drei der sogenannten Kardinaltugenden: Tapferkeit (Fortitudo), Mäßigung (Temperantia) und Klugheit (Prudentia). Ihnen folgen die christlichen Tugenden: Hoffnung (Spes), Glaube (Fides) und Liebe (Caritas).

Erziehung ohne Liebe ist undenkbar. Die Liebe lässt sich nicht von Äußerlichkeiten blenden. Sie sieht auf den Grund der Seele und hebt ins Licht, was hier noch im Verborgenen ruht.

Rot ist die Farbe der großen Flügel des Engels. Rot der Krug, das Tuch über der Brüstung, das Kopftuch der älteren Frau und die Stickunterlage. Ins Licht der Liebe taucht Dante Gabriel Rossetti (1828–1882) eine Szene aus dem Leben der Mutter Jesu. Er zeigt Maria und ihre Mutter Anna. Ein grüner Vorhang ist zur Seite gezogen und gibt den Blick auf ihren Vater Joachim frei. Er bindet Weinreben an ein Spalier, dessen Stäbe zu einem Kreuz gebunden sind. Sie deuten wie das rote Tuch, die Rose auf der Mauer und die gekreuzten Palmzweige vor den Büchern das Geheimnis aller Erziehung an: Kinder gehen ihren eigenen Weg und der ist oft schmerzhaft bis zum Martyrium für beide Seiten.

Folgen sie dabei einer Berufung? Gehen sie einen Irrweg? Der kleine Engel mit den roten Flügeln hat bereits einen Fuß vor den anderen gesetzt. Wie die Taube über seinem Haupt wird er den Weg begleiten und wie die kleine Öllampe Licht spenden.

Der Weg des Kindes ist angedeutet, aber im Zentrum der Schulstunde steht die Erziehung der Mutter. Kinder werden auf den verschlungenen Pfaden des Lebens erwachsen. Doch woher nehmen Eltern die Kraft, diese Wege zu begleiten? Der Engel verweist auf die Tugenden. Tugenden sind kein Besitz. Sie wollen in den Herausforderungen des Lebens immer wieder neu erworben werden: Tapferkeit im Aushalten von Grenzsituationen, Mäßigung im Urteil, Klugheit in der Beratung, Hoffnung in schein-

bar ausweglosen Lagen, Glaube an das Gute im Kind, Liebe, die auch ein deutliches Nein zu sprechen wagt.
Dante Gabriel Rossetti hat zu vielen seiner Gemälde Gedichte geschrieben. In „Die Jugend der Jungfrau Maria" („The Girlhood of Mary Virgin") nennt er Glaube, Liebe und Hoffnung als Wegweiser zu einem Leben, das sich dem Willen Gottes öffnet:

So durchlebte sie die Jugend;
gleichsam eine von Engeln getränkte Lilie,
die Gott nahe wächst und schweigt.
Bis, eines Morgens in der Dämmerung zu Hause,
sie in ihrem weißen Bett erwachte und keine Angst empfand –
doch weinte, bis die Sonne schien, und Schaudern fühlte,
da der Erfüllung Zeit gekommen war.

Mit Marias grauer Schulkleidung verweist der Maler auf das große pädagogische Werk der Mary Ward. Sie gründete im Jahr 1609 den ersten Schulorden für Frauenbildung. Heute ist er unter dem Namen Mary-Ward-Schwestern oder „Englische Fräulein" weltweit tätig. Christina Rossetti (1830–1894), die hochbegabte und übersensible Schwester des Malers, saß Modell für Maria. Ihr Schulleben endete im Alter von vierzehn Jahren mit einem Nervenzusammenbruch.

Die Magd des Herrn

Plötzlich steht er im Schlafzimmer: männlich und ohne Flügel, schwebend in konzentrierter Energie, getragen vom göttlichen Feuer. Der weiße leichte Umhang gibt den Blick auf seinen nackten Körper frei. In der Rechten hält er einen Lilienstängel mit drei Blüten. Darüber schwebt eine Taube durch das offene Fenster. Die Lilie weist auf den Schoß einer jungen Frau, die verschreckt auf ihrem Lager hockt und ihre linke Schulter gegen die weiß gekalkte Wand einer kargen Zelle drückt, als wolle sie durch das Mauerwerk verschwinden. Wie der Engel, so trägt die zarte junge Frau einen Heiligenschein. Ihr starrer Blick fixiert die Lilie. Außergewöhnliche Begegnungen geschehen nicht aus heiterem Himmel. Eine lange Zeit der Vorbereitung geht ihnen voraus, vielleicht ein Gefühl der Vorfreude, eine leichte Erregung, gewiss auch die Sorge um das Gelingen in voller Tiefe und Schönheit. In heiligen Momenten kommt das Leben auf den Punkt.

Die Jungfrau hat sich auf die Begegnung vorbereitet. Ihr karges Zimmer zeigt einen Lebensstil der Konzentration auf das Wesentliche. Keine Gegenstände des Alltags liegen herum. Kein Bilderschmuck lenkt den Blick auf die inneren Bilder der Seele ab. Ein Licht an der Wand und Lichter auf dem Ständer im Vordergrund zeigen die Ausrichtung dieses asketischen Lebens auf den Moment der Erleuchtung.

Über dem Ständer hängt eine Stickerei. Dante Gabriel Rossetti (1828–1882) hatte sie bereits auf dem Bild „The Girlhood of Mary Virgin" (1849) gezeigt: Auf rotem Untergrund hat die Jungfrau jene Lilie mit drei Blüten gestickt, die ihr nun der Engel vor Augen hält. Wie aus einem Traum tritt der Bote des Himmels ins Leben der Jungfrau. Sie hatte sich auf diese Begegnung in den stillen Stunden kontemplativer Näharbeit vorbereitet und die Lilie bereits geschaut. Warum durchfuhr sie dennoch der Schrecken? Nicht die Erscheinung erschütterte sie. Gott schickt Engel. Das wusste sie. Sie hatte die heiligen Schriften studiert. Sie wusste auch, dass Gott im Herzen des Menschen Raum und Herberge sucht. Die Mystiker aller Zeiten sprachen von der Gottesgeburt in der Seele. Hier aber sollte das Ungeheuerliche geschehen.

Der Engel hatte ihr die Geburt Gottes in ihrem Leibe verkündigt und gesagt, der Heilige Geist werde über sie kommen. In dem Augenblick erschien die Taube und Schrecken durchfuhr die Jungfrau, weil das Wort

sogleich Wirklichkeit wurde. Es war ein Frühlingstag. Der 25. März. Das Licht des blauen Himmels trat in ihre Zelle. Sie hatte es erwartet, wie das Himmelblau des Vorhangs hinter ihrem Bett andeutet. Alles geschah, wie es geschehen sollte. Das erkannte sie und willigte in Gottes Kommen ein. Mir geschehe nach Gottes Willen, hatte sie gesagt. Im gleichen Moment war auch der Engel verschwunden.
Dante Gabriel Rossetti hat einen Moment des Erschreckens ins Bild gesetzt. Modell für die Jungfrau saß wieder seine Schwester Christina. Sein Bruder William war eines der Vorbilder für den Engel Gabriel. Christina Rossetti war eine vielfach begabte junge Dichterin. Die Gesichtszüge der Jungfrau lassen die Tiefe der Schwermut einer religiösen Krise ahnen, in der sich Rossettis hochsensible Schwester während der Entstehungszeit des Bildes befand. Vielleicht erhebt der Engel seine Linke auch für sie. Die Handhaltung symbolisiert den Versuch der Beschwichtigung und Beruhigung. Dieser Geste des Heils und der Heiligung folgt das Bekenntnis der Jungfrau, das dem Bild den lateinischen Titel gab:

Ecce ancilla Domini, fiat mihi secundum verbum tuum.
Siehe, ich bin des Herrn Magd, mir geschehe, wie du gesagt hast.
(Lukas 1,38)

Eine Balance zwischen vita activa und vita contemplativa will immer wieder neu gefunden werden. Die Jungfrau hatte sich aktiv auf die Begegnung vorbereitet. Was dann geschah, konnte nicht aus eigener Kraft bewältigt werden. Es wollte geschehen, sich ereignen, sich verströmen

und Gestalt annehmen. Was in uns zur Welt kommen will, weist über uns hinaus: Dies erkennt die Magd des Herrn (Ancilla Domini) und lässt Gottes Willen geschehen.
Als Künstlerin erlebte Christina Rossetti diese Spannung zwischen den eigenen Willenskräften und dem Geschehenlassen immer wieder. Sie gab ihm Ausdruck in dem Lied „In the Bleak Midwinter“ („Mitten im kalten Winter“):

Unser Gott, der Himmel kann ihn nicht halten
noch die Erde ihn tragen.
Mitten im kalten Winter
reichte ihm ein Stall,
Gott dem Herrn in Menschengestalt,
Jesus Christus.

Nach dem Tod der Dichterin erlebte das Gedicht verschiedene Vertonungen. Im Jahr 2008 wählten Juroren der BBC es zum besten Weihnachtslied.

Das Opfer

Bunt wie ein Flickenteppich war ihr Leben. Kaum dem Mädchenalter entwachsen, wurde sie schwanger, ohne zuvor einen Mann erkannt zu haben. Ihr einziges Kind kam unter schwierigen Umständen in einer fremden Stadt zur Welt. Niemand aus der Verwandtschaft, nicht einmal ihre Eltern, Anna und Joachim, konnten ihr bei der Niederkunft zur Seite stehen. Sie war ein Kind von Heiligen. Deshalb nannte man sie später Maria Immaculata – die von aller Sünde unbefleckt Empfangene. Sie war eine Erwählte und zum Opfer bestimmt.

Ihre Kindheit hatte sie als Tempeljungfrau in Jerusalem verbracht, Teppiche gewebt, priesterliche Gewänder bestickt, Altargerät gepflegt. Mit der Menarche (erste Regel) musste sie den heiligen Ort verlassen. So wollte es der Brauch. Jetzt galt ihr jungfräulicher Leib als unrein. Zu ihrer Versorgung wurde eine Josefsehe arrangiert, die Hochzeit mit einem Witwer, einem bewährten Mann und Vater vieler Kinder. Dann wurde sie schwanger. Aber nicht von ihm. Er hätte sie heimlich verlassen (Matthäus 1,19), wäre ihm nicht der Engel der Herrn im Traum erschienen und hätte die Weissagung des Propheten zitiert:

Siehe, eine Jungfrau wird schwanger sein und einen Sohn gebären.
(Matthäus 1,23)

Wann ist der richtige Zeitpunkt für eine Schwangerschaft gekommen? In Marias Welt erscheinen Engel und Kinder, wenn die Zeit erfüllt ist. Maria nannte ihren Sohn Jehoschua (Gotthilf), denn auf Gottes Hilfe hatte sie vertraut, als Gabriel plötzlich vor ihr stand. Zur vorbestimmten Stunde stellte sich auch die Menge der himmlischen Heerscharen ein. Einige von ihnen erwiesen sich als erfahrene Geburtshelfer.
Das Bild „The Nativity" („Die Geburt") von Arthur Hughes (1832–1915) zeigt die Wöchnerin mit diesen Engeln. Ein Engel erhellt mit seiner Laterne den dunklen Stall, ein anderer hält den Knaben sicher auf seinen Händen. Er richtet den Blick in den Himmel. Durch eine Öffnung im Dach beobachten vier Engel das Geschehen. Wunderbar geborgen unter diesen guten Mächten, kniet Miriam vor ihrem Kind. Es ist Christus. Heiligenschein und gekreuzte Beine zeigen es. Gottes Sohn ist Mensch geworden.
Wie jedes Neugeborne musste er abgenabelt werden. Die jugendliche Mutter wickelt um seinen Bauch eine lange Nabelbinde. Ihr Blick fixiert

das Tuch, als wäre die Geschichte seines Lebens in den Fasern des Linnens lesbar geworden.
Abnabelung ist kein einmaliger Akt. Sie will im Leben immer wieder geleistet werden. Denn was der Engel ankündigt, erfüllt sich nicht allein in der Geburt. Das Samenkorn will wachsen, zum Baum werden und sichtbar in Erscheinung treten. Am Ende wird aus dem Holz das Kreuz gezimmert. Die gekreuzten Beine sprechen eine klare Sprache: Das Kind ist zum Opfer erwählt. Keine Mutter kann dieses Zeichen ohne heftigen Widerspruch hinnehmen. Das Schicksal wird sie dennoch nicht wenden können.

Eure Kinder sind nicht eure Kinder.
Sie kommen durch euch, aber nicht von euch,
und obwohl sie mit euch sind, gehören sie euch doch nicht.

Vielleicht muss man sich diese Verse Khalil Gibrans als Schrift auf der Nabelbinde vorstellen, um ihre ungeheure Zumutung zu spüren. Welches Opfer wird von der Mutter verlangt, wenn das Kind seinen Kreuzweg geht? Die jugendliche Mutter beugt sich über die Nabelbinde mit dem Blick der Liebe. „Wer wahrhaft liebt, gibt alles und opfert dabei nichts", schrieb Sophia Rilke. Auch sie überlebte wie Maria ihren Sohn um viele Jahre. Am 8. Dezember 1875 hatte sie Rainer Maria Rilke in der Prager Kirche St. Heinrich der Maria Immaculata geweiht. Als er fünfzig Jahre später im Sterben lang, wollte er weder Mutter noch Ehefrau noch Tochter sehen. Auch dieses Opfer wollte gebracht sein.

Engel der Erkenntnis

Augen der Seele

Eine grüne Küstenlandschaft in Irland oder Wales. Friedlich grasende Schafe. Alles atmet Morgenstimmung. Hinter dem Hügel geht die Sonne auf. Zugleich erscheint ein anderes Licht am Himmel. Morgenlicht leuchtet, rein wie am Anfang. Es findet sein Widerspiel im offenen Gesicht einer wunderschönen Frau. Auch ohne die hortensienblauen Flügel würden wir ihre Engelnatur erkennen. Ihr himmlisches Geheimnis bliebe uns nicht verschlossen. Der Engel trägt ein festliches Ballkleid in Altrosa. Ein leichtes Chiffontuch über seinen entblößten Schultern wird von einer Brosche gehalten. Die Farbe des Kleides harmoniert mit dem Hortensienblau der windgebeugten großen Schwingen. Eine Schönheit voll natürlicher Sinnlichkeit badet ihr Gesicht im Licht. Ihre Wangen glühen, als käme sie von einem Fest, auf dem sie die ganze Nacht durchgetanzt hat. So sieht die Lebensfreude aus: Licht, Leben und Liebe.

Blau wie die Augen des Engels ist das Wasser der See, blau wie die Flügel der Himmel. Alles wird Licht. Die Welt erstrahlt wie am ersten Tag der Schöpfung. Voller Bewunderung hebt der Engel die Hände. Er will etwas ergreifen und zugleich abwehren. In der Morgendämmerung eines neuen Tages sieht er das Licht vom unerschaffenen Licht, die große unbegreifliche Herrlichkeit.

Die Engel sind das Licht des ersten Schöpfungstages. Von diesem Licht ist alles durchdrungen: Pflanzen, Tiere und der Mensch. Von ihm lebt die gesamte Schöpfung, von ihm singen die alten Lieder:

Morgenglanz der Ewigkeit,
Licht vom unerschaffnen Lichte,
schick uns diese Morgenzeit
deine Strahlen zu Gesichte
und vertreib durch deine Macht
unsre Nacht.

Was der Engel sieht, ist nicht von dieser Welt und wird doch jeden Morgen Erscheinung. Vielleicht muss man an die Grenze gegangen sein und eine ganze Nacht getanzt haben, damit einem Durchblicke in dieser Tiefe geschenkt werden.
Das Bild des Engels mit den braunen Haaren und der Hochsteckfrisur stammt von Annie Swynnerton (1844–1933), einer Malerin, die sich mit Entschiedenheit für die Emanzipation der Frauen engagierte. Im reifen Alter von 51 Jahren malte sie mit dem Engel ein idealisiertes Selbstporträt und gab ihm den sprechenden Titel „The Sense of Sight" (1895). Gemeint ist nicht nur das menschliche Sehvermögen und die Sehkraft, deren Schwäche Optiker auszugleichen versuchen. Diese Augen sind ein Fenster der Seele.
Annie Swynnertons Engel ist keine romantische Träumerin, sondern eine Frau mit Durchblick in das Wesentliche. Mit dem Engel hat die Malerin den Wesenskern des Menschen ins Bild gesetzt: Die staunenden kindlichen Augen voller Erwartung, die geöffneten Arme und der Blick in die Zukunft wollen in jedem Lebensalter neu entdeckt werden.

Wohnen im Herzen

Eine sitzende Gestalt im Halbdunkel. Die Haltung der linken Hand signalisiert Nachdenklichkeit. Ihr Blick aber trifft ins Herz. Hier liegt die Wahrheit verborgen. Die Frau trägt ein grünliches Kleid mit großem Kragen. Dieser wird von einer herzförmigen Brosche zusammengehalten. Ihr Haupt schmückt ein zarter Reif mit einem funkelnden Diamanten in der Mitte und zwei roten Flügelchen. Ein großes braungoldenes Flügelpaar umhüllt die Gestalt. Dahinter leuchtet ein großes Licht. Die Dame im Halbdunkel verharrt in Gelassenheit. Offenbar verfügt sie über ausreichend Zeit. Ihr Blick ist eine Herausforderung. Nichts entgeht ihm. Denn die Frau beobachtet scharf, aber unaufgeregt. Sie weiß um ihre Überlegenheit.

George Frederick Watts (1817–1909) hat ein Bild geschaffen, dessen vieldeutige Symbole ihm selbst Geheimnis blieben. Einer Eingebung folgend, hatte er ein weibliches Wesen gemalt, über dessen Bedeutung die ersten Betrachter rätselten. Wie der griechische Götterbote Hermes trug es Flügel an den Schläfen. Die mandelförmige Gestalt (Mandorla) der großen Flügel erinnerte an die Darstellung der Heiligen, der Engel und der Muttergottes. Liebespfeile benutzte der Gott Amor und die Engel des Jüngsten Gerichtes bliesen heftig in die Posauen. Wer schaut den Betrachter hier an? Eine griechische Gottheit? Eine christliche Heiligenfigur? Es dauerte viele Jahre, bis der Maler einen Titel für die Frau mit der Herzbrosche gefunden hatte. Watts nannte sein Bild „The Dweller in the Innermost“ („Die Bewohnerin des Innersten“). Der Titel steigerte noch die Dunkelheit und Mehrdeutigkeit der symbolbeladenen Gestalt.

Wer ist die Bewohnerin des Herzensraumes? Ist sie die Stimme des Gewissens? Ist sie das Kind, das der Engel einst vom Himmel brachte? Ist der Engel selbst jener geheimnisvolle Bewohner des Innersten? Wohnen Schutzengel im Herzen ihrer Schützlinge? Sind sie der Pulsschlag der Liebe und der Atem der Hoffnung? Sind sie der Glaube im Menschen?

Engel sprechen durch die Stimme des Gewissens. Aus dem Geist der Liebe senden sie Licht der Wahrheit und Wahrhaftigkeit in die Dunkelheiten des Lebens. Sie beflügeln die Gedanken und Empfindungen. Sie rütteln wach durch lauten Posaunenklang und manchmal dringt der Pfeil ihrer Liebe tief in das Herz eines Menschen. Mystikerinnen wie Teresa von Avila (1515–1582) erlebten die Durchstoßung ihres Herzens (Transverberation). So wurde ihr Innerstes entfacht in vollkommener Liebe zu Gott. Diese Frau aber bläst nicht die Posaune. Sie hat den Pfeil der göttlichen Liebe in ihren Schoß gelegt.

Wenn der Bote Gottes erscheint, ist die Stunde der Wahrheit gekommen. Doch hier findet kein Ringkampf mit dem Engel statt, wie ihn Jakob am Jabbok führte. Dieser Engel will im Dunklen wohnen. Mit seiner Gestalt verdeckt er das Licht der Morgendämmerung. Träfe es den Menschen, er würde bei seinem Anblick vergehen. Denn wer hielte die nackte Wahrheit mit ungeschütztem Blick aus? Das also ist das Geheimnis des Schutzengels.

Licht der Welt

Zwischen Nacht und Tag erscheint ein Mann. Um das Haupt leuchtet golden der Heiligenschein. Er trägt einen dichten Vollbart und langes Haar. Auf dem Haupt sitzt eine doppelte Krone aus Gold, Edelsteinen und Dornen. In der linken Hand hält er eine Laterne. Ihre Strahlen erhellen Gesicht und Kleid des Mannes. Auch eine verschlossene Tür tauchen sie ins Licht. An diese Tür klopft der Mann.

Sein Blick wirkt schwermütig und müde. Er fixiert weder den Betrachter des Bildes noch einen Gegenstand in der Außenwelt. Der Blick geht nach innen. Nach innen weist auch das leicht in Richtung Tür geneigte Haupt. Es ist Winterzeit, wie die verwelkten Blätter im Vordergrund zeigen. Die Tür ist von alten Efeuranken überwuchert.

Direkt vor ihr wächst Unkraut. Diese Tür ist schon lange nicht mehr geöffnet worden. Auch fehlt ein Griff, dass man sie von außen öffnen könnte.

Das Bild trägt den Titel „The Light of the World". Es wurde von William Holman Hunt (1827–1910) gemalt und im Jahr 1854 zum ersten Mal in der Royal Academy London öffentlich gezeigt. Auf den Goldrahmen des Gemäldes malte er ein Zitat aus der Bibel:

Siehe, ich stehe vor der Tür und klopfe an.
Wenn jemand meine Stimme hören wird
und die Tür auftun,
zu dem werde ich hineingehen
und das Abendmahl mit ihm halten
und er mit mir.
(Apokalypse des Johannes 3,20)

So geheimnisvoll wie der Mann auf dem Bild war Jesus. War er ein hohes Engelwesen? Paulus nannte die Engel „Kyriotes" (Epheserbrief 1,21), und „Kyrios" („Herr") lautete einer der Titel von Jesus Christus, den die Gemeinde im „kyrie eleison" („Herr, erbarme dich!") anrief.

Das Bild von William Holman Hunt löste schärfste Proteste aus. Die Darstellung eines Jesus, der wie ein Nachtwächter mit der Laterne durch die Gegend wandert, fand man anstößig. Unter den Besuchern der Ausstellung war auch John Ruskin (1819–1900). Der Maler und Gelehrte verteidigte das Bild: „Ich für mein Teil halte es für eines der vornehmsten

Werke religiöser Kunst, die je in dieser oder irgendeiner anderen Epoche hervorgebracht worden sind."

Ein Bild ist kein Foto. Kein Handy, keine Digitalkamera hätte diese Szene jemals aufnehmen können. Die verschlossene Tür des Herzens und der Christus mit der Laterne sind innere Bilder. Religiöse Bilder dieser Art werden in der griechischen Sprache Ikonen genannt. „Das Licht der Welt" ist eine Ikone. Unter dem Rahmen des Bildes hat der Maler ein Gebet versteckt:

Me non praetermisso Domine!
(Herr, gehe nicht an mir vorüber!)

Thomas Combe (1796–1872), Verleger der Oxford University Press, erwarb das Bild. Combe war Mitglied der Hochkirchlichen Bewegung innerhalb der Anglikanischen Kirche. John Henry Newman, der später zum Katholizismus konvertierte, hatte 1840 die Ehe zwischen Thomas und Martha Combe geschlossen. Als Thomas Combe gestorben war, schenkte seine Frau das Bild den Studierenden der Universität Oxford und stiftete zugleich das Geld zum Bau einer Kapelle. Zu den berühmtesten Besuchern des Bildes gehörte der junge Theologiestudent und Maler Edward Burne-Jones (1833–1898). Als er das Bild sah, wusste er: „Auch ich will ein religiöser Maler werden!"

William Holman Hunt war jung, als er „Das Licht der Welt" schuf. Später malte er das Bild ein zweites Mal und als achtzigjähriger Mann ein drittes Mal. Weil seine Finger nicht mehr so gelenkig waren und seine Augen

nicht mehr so scharf wie in der Jugend, half ihm Edward Robert Hughes (1851–1914) bei der Ausführung.
Der Reeder Charles Booth (1840–1916) hatte eine Reproduktion in Auftrag gegeben, weil er „Das Licht der Welt" auf eine Weltreise schicken wollte. Es war das Jahr 1905. Damals wäre ein gemeinsamer Gottesdienst mit evangelischen und katholischen Christen und Christinnen nicht möglich gewesen. Charles Booth aber glaubte an das Licht einer neuen überkonfessionellen Gemeinschaft aller Gläubigen. Und so schickte er das Bild als eine Art Friedensbotschaft um die Welt: Es wurde in Kanada, Australien, Neuseeland und Afrika gezeigt. Zwei Jahre befand sich das Bild auf Weltreise. Dann wurde es in der Londoner St. Paul's Cathedral als Altarbild aufgestellt. William Holman Hunt fand seine letzte Ruhestätte vor dem „Licht der Welt". Stühle laden hier zum Niederknien und Beten ein.

Engel des Erwachens

Der schlechte Weg

Viele Stufen führen hinauf. Endlos scheint der Weg und ein Ziel ist nicht zu erkennen. Felsen und ein toter Baum säumen den Pfad zur Linken. Auf einem seiner Äste sitzt eine Eule. Zur Rechten befindet sich eine Mauer mit vielen Nischen. In der untersten hockt eine alte Frau und

blickt zwei Kindern nach. Sie haben sich auf den Weg des Lernens begeben, gehen vorbei an streng schauenden Lehrern in schwarzen Kitteln. Buch und Rohrstock sind die Zeichen ihrer Macht.
Schutz suchend umarmen sich die Kinder. Auf der linken Seite des Pfades schreitend, halten sie den größtmöglichen Abstand zu den Erziehern. Abwehrend hebt das Kind im rosafarbenen Gewand die rechte Hand, als wollte es den Bildungsweg frei von allen Einflüssen dieser schwarzen Pädagogik gehen.
Manchmal wird die Schule zum Albtraum. Louis Janmots (1814–1892) nannte sein Bild vom Schulweg „Le Mauvais sentier" („Der schlechte Weg"). Über einhundert Jahre später besuchte der Schriftsteller Gerhard Stadelmaier eine Grundschule in Bayern. Er erinnert sich: „In den Schulen, die großenteils noch Bekenntnisschulen (getrennt nach Konfessionen) waren, durfte geprügelt werden: Rohstocktatzen auf die bloße Hand, Schläge auf den Po, Ohrfeigen." Über körperliche Strafen im Elternhaus heißt es bei Stadelmaier: „Die Schule hatte nach den Sommerferien Anfang September wieder begonnen. Man bereitete sich schon auf die Aufnahmeprüfung ins Gymnasium (Diktat, Mathe, Aufsatz) vor. Jetzt, am 12. September 1959, durfte zu Tisch noch weniger gesprochen oder auch aufbegehrt oder gemeckert werden als sonst (‚Halt dei saudomma Gosch, du Rotzbua! I hau dr glei oins en dr Anka nei!'; wobei ‚Anka' als erweiterter Wangen-, Gesichts- und überhaupt Kopfbereich zu übersetzen wäre)."
Noch bis in die Sechziger Jahre des 20. Jahrhunderts war die Prügelstrafe ein erlaubtes und gesellschaftlich akzeptiertes Mittel der Pädagogen. Sie sollte der Sühne, Abschreckung und Besserung dienen.

Als Louis Janmot um 1850 seinen dunklen Schulweg ins Bild setzte, hatte er eine ähnliche Schullandschaft vor Augen. Eine schwarze Pädagogik findet Ausdruck in der übergroß und bedrohlich erscheinenden Reihe der Erzieher. Wie schutzlos scheinen ihnen die zarten Kinder ausgesetzt zu sein!

Dargestellt ist die Seele in Begleitung ihres Schutzengels. Ohne das Kennzeichen der Flügel steht der Engel im weißen Gewand seinem Menschen auf dem Schulweg zur Seite. Janmot zeigt den Gang der beiden durch ein Schulsystem, das von den religiösen Gefühlen der Seele nichts mehr wissen will. Die wahre spirituelle Natur des Kindes zu erkennen, darauf käme es bei aller Pädagogik an.

Manchmal wird die Schule zum Albtraum – auch für den Lehrer. Denn längst stehen in den Nischen des schlechten Weges andere Gestalten und zeigen ihre Fratzen. Noch immer aber schaut die Weisheit in Gestalt der alten Frau und der Eule auf den Weg der Seele und noch immer bietet der Schutzengel seine Schulter und nimmt seinen Schützling in den Arm.

Amor und Psyche

Die Morgenröte eines neuen Lebens bricht an. Alles ist wunderbar. Noch nie erfahren. Nicht einmal ersehnt. Ein Wunder: die erste Liebe, der erste Kuss, das erste Erkennen. Umhüllt von den violetten Flügeln des jungen Mannes wird die Geliebte ergriffen von Schrecken und Entzücken. Leicht wendet sie ihr Haupt zu Seite, schließt die Augen und spitzt doch die sinnlichen Lippen – zur Hingabe bereit. Annäherung und Abwehr zeigen auch ihre Arme. Mit dem rechten Arm wendet sie sich dem Beflügelten zu, mit dem linken deutet sie eine Abwehr seines Begehrens an. Wer jetzt zögert, wird sein Ziel nicht erreichen. Der junge Mann handelt schnell. Die Stellung seiner Füße deutet eine rasche Entscheidung an. Verführt durch die erste Liebe weiß er, was jetzt zu tun ist. Ein Blumenkranz schmückt sein lockiges Haupt. Keusch berühren seine Lippen die roten Wangen der mädchenhaften Frau. Der linke Arm aber ist schon bereit, die Geliebte fest zu umschließen.

Erklär mir die Liebe!
Sie beflügelt.
Sie kommt plötzlich.
Sie trifft das Herz wie ein Pfeil.

Cupido oder Amor nannten die Römer, Eros die Griechen den Gott der Liebe. Einen Liebespfeil trägt aber auch jener Engel, der das Herz der spanischen Nationalheiligen Teresa von Avila (1515–1582) durchbohrt.

Der Engel der Liebe ist in vielen Gestalten durch die Jahrhunderte unterwegs. Wenn er erscheint, öffnet sich der innere Herzensraum und gibt sein Geheimnis preis. Mann und Frau sind nackt wie in Paradiesestagen und schämen sich nicht. Die rechte Flügelspitze des Liebesgottes verweist auf eine geöffnete Muschel und eine Perle. Sie liegen zu Füßen der Jungfrau. Auch sie wird sich jetzt wie die Muschel zur Hingabe öffnen.
Nur wenige Malerinnen haben Kinder und Jugendliche mit solcher Lebens- und Sinnenfreude gemalt wie Annie Swynnerton (1844–1933). Sie wuchs mit ihren sechs Schwestern in ärmlichen Verhältnissen auf und trug bereits als Mädchen zum Lebensunterhalt ihrer Familie bei, indem sie Aquarelle malte und verkaufte. Später gründete sie eine Malschule für Kinder, heiratete, lebte in Rom und nach dem Tod ihres Mannes wieder in England. 1927 wurde sie erstes weibliches Mitglied in der Männergesellschaft der Royal Academy of Arts, obwohl sie eine bekannte Feministin und Frauenrechtlerin war.
Annie Swynnerton malte Kinder und Engel, weil sie das Kind in sich bewahrt hatte und in Erwartung blieb. 47 Jahre alt war sie, als sie das Bild der ersten Liebe malte. Eine Frau mit ihrer Lebenserfahrung kam nicht in Versuchung, die jugendliche Liebe zu verklären. Noch ferner lag ihr ein sehnsüchtiger Rückblick auf eine große Liebe vergangener Zeiten. Annie Swynnerton lebte in der Gegenwart. Sie fertigte das Selbstporträt der jungen Frau, die sie im Inneren bleiben würde: Das Wunder der Liebe beflügelte sie noch immer, als sie das 80. Lebensjahr schon längst überschritten hatte.
Der Jüngling hält in der Rechten einen Bogen. Er ist das Attribut des antiken Liebesgottes Amor. Die Jungfrau ist unter dem sprechenden Na-

men Psyche (Seele) bekannt. Die Geschichte von Amor und der Jungfrau Seele war unter den Malern aus unterschiedlichen Gründen sehr beliebt. Einmal erlaubte sie die Darstellung von Akten. Wichtiger aber war das Drama von Suchen und Finden der Liebe, wie es der Schriftsteller Apuleius entworfen hatte. Der griechische Autor erzählte die Geschichte einer Schönheitskonkurrenz. Die Liebesgöttin Aphrodite wurde eifersüchtig auf die von allen Männern bewunderte Psyche und schickte ihren Sohn Amor, um die Schönheitskonkurrentin zu verzaubern und ihre Sinne zu trüben. Sie sollte sich in einen Esel oder eine andere Kreatur verlieben und sich damit lächerlich machten.

Der Bote aber wurde seinem Auftrag untreu. Denn Amor erlebte bei Psyches Anblick das Wunder der Liebe. Annie Swynnerton setzt diesen Moment ins Bild: Es gibt Erfahrungen, die nie verloren gehen. Sie beflügeln ein Leben lang.

Dantes große Liebe

Die Liebe bewege Sonne, Mond und Sterne, heißt es bei Dante Alighieri (1265–1321). Vor dem Meer der Sterne schwebt ein Seraphim. Sterne schmücken sein goldenes Gewand. In der rechten Hand hält er eine Sonnenuhr, in der linken die Symbole Amors: Pfeil und Bogen. Doch dieser Engel sendet keine Pfeile der Leidenschaft und des erotischen Spiels. Er schwebt über allem Irdischen und weist den Weg in eine überirdische Wirklichkeit. Sein ruhiger Blick ist in eine innere Welt gerichtet. Hier lebt die ewige Liebe. Der innige Blick des Engels birgt ein Geheimnis. Dante Gabriel Rossetti (1828–1882) deutet es durch die roten Flügel an: Sie bilden ein Andreaskreuz. Leiden und Lieben verschränken und durchdringen sich. Der Engel hat alles Leid in Liebe verklärt. Die Zeit ist aufgehoben. Die Sonnenuhr hat keinen Stundenzeiger.

Das Bild trägt den Titel „Dantis Amor" („Dantes Liebe"). Die große Liebe des Dichters Dante hieß Beatrice. Manchmal findet die Liebe auf Erden keine Erfüllung. So ging es auch dem italienischen Dichter. Leiden und Entbehrung aber ließen ihn produktiv werden. Er schrieb eine Jenseitsreise, an deren Ende er im Himmel seine Geliebte in verklärter Gestalt findet. Dante Gabriel Rossetti glaubte an die verwandelnde Macht der Kunst, sodass er den Namen des großen Liebenden seinem Vornamen hinzufügte. Auf dem Bild verbindet der Liebespfeil des Engels Beatrice mit Christus. Wie der Mond leuchtet sie nicht aus eigener Kraft. Christus ist die Sonne und das ewige Licht. Das Modell für Beatrice war Lizzie Siddal, die Ehefrau des Malers. Sie war zart von Natur und kränklich. Nach einer Fehlgeburt erlebte sie einen Nervenzusammenbruch, von dessen Erschütterung sie sich nicht mehr erholte. Zwei Jahre nach Vollendung des Bildes nahm sie sich durch eine Überdosis Opium das Leben. Ihr Tod warf sein Leben aus der Bahn.

Dante Gabriel Rossetti war auch ein begabter Dichter. Doch nun glaubte er, keine Verse mehr schreiben zu können. Das unveröffentlichte Manuskript mit seinen Gedichten legte er seiner Frau in den Sarg.

Die Toten aber sind nicht tot. Sie sind verwandelt und verklärt zu ewigem Leben. Diese Erfahrung machte Dante Gabriel Rossetti und ließ Jahre später das Grab öffnen. Er hatte dazu die Erlaubnis der Behörden bekommen. Nun enthüllten die Gedichte ihr Geheimnis. Rossetti hatte in ihnen die Zukunft seiner Liebe vorweggenommen.

„Die selige Jungfrau" („The Blessed Damozel") zeigt die Geliebte im Himmel. Hier erwartet sie die Ankunft des Bräutigams:

Wenn um sein Haupt den Glorienschein er trägt
und er in Weiß gekleidet ist,
dann nehme ich ihn bei der Hand und werde mit ihm gehen
zu den tiefen Brunnen des Lichts:
Herabsteigen werden wir wie in einem Strom
und dort im Angesichte Gottes baden.

Der Engel der Verklärung weist diesen Weg zum Brunnen des Lichtes, der Liebe und des Lebens. Licht der Liebe ergießt sich aus dem goldenen Heiligenschein (Nimbus) des Gottessohnes und durchdringt das All.

Beatrice richtet den Blick nach oben, schaut durch den Engel hindurch zur Quelle des Lebens. Bald wird Beatrice verwandelt und verklärt zu ihrer wahren Gestalt. Wie ein Spiegel leuchtet jetzt die Sonnenuhr. Ein Bild erscheint. Der innere Mensch erkennt seine wahre Natur. Aber der Weg geht weiter hinauf jenseits der Sterne.

Es gibt einen Ort, wo die Liebe alles in Allem ist, ein Strom der Liebe, ein Meer der Liebe. Von ihm sprachen die Mystiker aller Zeiten. Über Bilder kommt niemand hinaus. Wer mehr wissen will und das Geheimnis von Angesicht zu Angesicht schauen möchte, der muss den Sprung wagen.

Das ist die Stunde des Loslassens. Am Ende wird sie jeder bestehen.

Meer ohn' Grund und Ende,
Wunder aller Wunder:
ich senk mich in dich hinunter.
Ich in dir,
du in mir,
lass mich ganz verschwinden,
dich nur sehn und finden.
(Gerhard Tersteegen)

Engel der Pilger

Sir Lancelot und der Gral

Manchmal ist die Nacht so groß, dass kein Lichtstrahl die Seele erreicht. Dichter Nebel liegt über dem Waldboden. An einem toten Baum hängt der Schild eines Ritters. Schwert und Helm hat er abgelegt. Vor Erschöpfung schlafend, lehnt er an einem Brunnenrand. Selbst der Engel im priesterlichen Gewand scheint keinen Rat zu wissen. Betroffen stützt er sein Kinn auf die rechte Hand. Die Linke hebt er, als wolle er ein Unheil abwehren. Sir Lanzelot gehörte zu den Rittern der Tafelrunde um König Artus und Königin Ginevra. Sie waren aufgebrochen, um den Gral zu finden. Was wussten sie von jenem geheimnisvollen Kelch, den Jesus bei seinem letzten Abendmahl mit seinen Jüngern benutzt haben sollte? Niemand kann sein Geheimnis ergründen. So folgte jeder Ritter seinem eigenen Bild und die Dichter erzählten widersprüchliche Geschichten von der Gralssuche. Das konnte nicht anders sein. Denn nur, wer mit eigenen Augen sieht und mit seinen Lippen schmeckt, erfährt das Geheimnis der Wandlung.

In der Einsamkeit des Waldes steht eine Kapelle. Eine kleine Glocke läutet zur Feier der Heiligen Messe. In der Kapelle befindet sich der Gral. Licht geht von ihm aus, streift das Gesicht des Engels und trifft den Ritter. Sir Lanzelot bleibt gefangen in der Nacht seiner Seele. Geblendet vom Licht, wendet sich sein Pferd ab. Der Ritter war von der Suche nach dem Gral so erschöpft, dass er keine Kraft mehr hatte, das Tier vom Sattel zu befreien. Der Gral ist ein Symbol für das Mysterium des Karfreitags. Als Lanzelot vor dem Ziel seiner Sehnsucht steht, durchfährt ihn die schreckliche Erkenntnis: Dies ist heiliger Boden. Niemals wird er ihn betreten dürfen. Er ist von dem Mysterium der Wandlung ausgeschlossen.

Edward Burne-Jones (1833–1898) ließ sich von den Erzählungen Sir Thomas Malorys (1405–1471) zu mittelalterlichen Bildern inspirieren, die sehr beliebt wurden. So bestellte ein erfolgreicher Kaufmann bei ihm sechs große Bildteppiche (Tapisserien) mit Motiven von der Gralssuche, um damit das Speisezimmer seines Landsitzes Stanmore Hall zu schmücken. Der größte Teppich maß über sieben Meter. Das Rittertum war seit Jahrhunderten ausgestorben, aber das Ritterliche mit seinen Idealen der Treue, Demut, Zuverlässigkeit, der Ehre, Reinheit der Gedanken, der Bereitschaft zu dienen und des Glaubens ist zeitlos wie der Gral, der diese Tugenden symbolisiert.

„Der Traum Lanzelots vor der Gralskapelle" ist ein Bild des Scheiterns. Warum gehörte es dennoch zu Edward Burne-Jones Lieblingsmotiven? In der Suche nach dem Gral fand er sein eigenes künstlerisches Streben wieder. Wer sich strebend bemüht, macht auch Grenzerfahrungen, erlebt Momente des Scheiterns, der Verzweiflung und wieder inspirierende Augenblicke der Hoffnung auf Vollendung.

Sir Lanzelot verkörperte das Ritterideal seiner Zeit in reinster Form. Aber sein Glanz blendete die Frauen und verblendete ihn. Mit Ginevra, der Frau seines Herrn und Freundes König Artus, brach er die Ehe. Ein uneheliches Kind zeugte er mit einer anderen Königin. Es hieß Galahad und wurde später Mitglied der Tafelrunde.

Vor der Gralskapelle wird Sir Lanzelot von seiner Schuld eingeholt. Jetzt ist der Punkt erreicht, an dem er sich nicht mehr mit verführerischem Scham und keckem Mut durchmogeln kann. Irgendwann kommt die Stunde der Wahrheit. Die Nacht der Seele wird ins Licht getaucht. Wer kann dann im Glanz der Wahrheit die Augen öffnen?

Kein Moment der Wandlung wird hier ins Bild gesetzt. Sir Lanzelot bleibt, wer er ist. Auch diese Erkenntnis der eigenen Natur und ihrer Grenzen gehört zu einem wahrhaftigen Leben. Viele Ritter haben den

Gral gesucht, aber nur einer wird ihn finden: Sir Galahad, das Kind des Fehltritts. Dass sich aus den verschlungenen Pfaden des Lebens, aus Schuld und Verstrickungen die reine Gestalt erhebt, ist ein Wunder.
Der zarte Engel mit der Rose im Haar ist der Hüter der Schwelle. Wenn Galahad erscheint, wird er den Weg zum Gral freigeben. Der Sohn wird vor dem Altar niederknien. Wird die Nacht des Vaters dann ein Ende haben?

Das Herz der Rose

Wann erklingt ein Ruf, der meinem Leben eine Richtung gibt? Lange hatte er warten müssen. Er stand in der Mitte des Lebens, als der Ruf an ihn erging. Jetzt hatte er ein Ziel. Es war ein Traumbild: ein Dornwald in rosafarbener Blüte. Mitten in den Rosen thronte eine Frau. Verlockend anzuschauen, schien sie zugleich unerreichbar wie Dornröschen hinter der Hecke aus Rosen.

Er war weder Prinz noch Held. Auch besaß er kein Schwert. So legte er das Gewand des Pilgers an und begab sich auf den Weg. An kaum sichtbarer Stelle befestigte er die Jakobsmuschel, seit alters her das Zeichen der Suchenden. Seine Augen aber waren gehalten. Als sich der Reisegefährte einstellte, erkannte er den Engel nicht.

Zuerst zählte der Pilger die Wochen und Monate. Später vergaß er die Zeit, nicht aber das Bild seines Herzens. Die Jahre vergingen. Würde er die geheimnisvolle Frau im Rosenhag jemals erreichen?

Der Weg ist das Ziel!
Das hatte er gelernt.
Nun aber wollte er ankommen
im innersten Bezirk
und vor dem Herz der Rose knien.

Als er eines Tages vor der Dame seines Herzens stand, durchfuhren ihn Schrecken und Entzücken. Er hatte heiligen Boden betreten. Duft von

Rosen und Lilien erfüllte den Innenhof einer Burg. Vögel erhoben sich in die Luft. Die Dame im grünen Gewand schaute ihn an, er aber suchte Rat bei seinem Wegbegleiter. Der Engel ließ die Hand des Pilgers aus seiner Linken gleiten. Jetzt musste er lernen, auf Rosen zu sitzen, ohne von den Dornen zerstochen zu werden.

Edward Burne-Jones (1883–1898) hat ein Meditationsbild geschaffen. Der Maler kannte die Geschichte vom Pilger und der Rose aus dem „Romaunt of the Rose" des Geoffrey Chaucer (1343–1400). Über zwanzig Jahre beschäftigte sich Burne-Jones mit diesem Motiv.

Manche Dinge erledigen sich schnell. Andere fordern einen langen Atem. Geduld ist eine Engeltugend. Ihrer bedarf es auch bei der Pflege der Rosen. Ohne Schutz greift die Hand des Gärtners in die Mitte des Rosenbusches, um wilde oder verholzte Triebe zu entfernen. Geduld besaßen auch Margaret und Florence Bell. Für Rounton Grange, ihr Haus bei Northallerton, fertigte der Maler einen ersten Entwurf der Pilgerfahrt zum Herz der Rose an. Mutter und Tochter stickten nach dieser Vorlage einen Wandteppich, der als umlaufender Fries ihr Speisezimmer schmückte. Über acht Jahre dauerte diese filigrane Arbeit. Genügend Zeit für Gespräche, Tagträumereien und Reisen durch die innere Welt.

Wohin die Gedanken von Mutter und Tochter während der langen Arbeit schweiften, ist nicht überliefert. Bei aller Vorsicht werden sie sich zuweilen durch die Nadel verletzt haben wie auch der umsichtige Gärtner an dem Dorn einer zarten Rose. Schönheit und Schmerz bilden eine Einheit. Wenn der Pilger dies erkennt, darf er neben der Geliebten Platz nehmen. Edward Burne-Jones studierte Theologie in Oxford bei einem Mann, der ihm zum Engel wurde. Er hieß John Henry Newman (1801–1890). In England kennt jedes Kind sein berühmtes Engellied mit den schönen Pilgerversen:

Führ, liebes Licht, im Ring der Dunkelheit,
führ du mich an:
Die Nacht ist tief, noch ist die Heimat weit,
führ du mich an!

Edward Burne-Jones ließ sich von Newman an die Hand nehmen. Der Engel auf dem Bild ist ein Symbol dieser inneren Führung. Burne-Jones hat sie später mit zeitlosen Worten beschrieben: „In einer vom Materialismus bestimmten Zeit lehrte mich Newman, auf das nicht Greifbare zu setzen – und dies so früh, dass ich es verinnerlicht hatte, als ich ins Leben aufbrach. So gab er mir, noch bevor ich nach Oxford ging, ein Rüstzeug in die Hand, das mich nie im Stich gelassen hat. Wenn mich diese Welt weder mit Geld noch mit Luxus noch mit dem Tand ihrer Schatzkammern verleiten kann – und sie kann es nicht –, so vor allem, weil er auf eine Weise zu mir sprach, die mich berührt hat. Ohne zu tadeln oder Verbote auszusprechen, ohne besonders zu führen, begleitete er mich, stets einen Schritt voraus."

Stets einen Schritt voraus ist auch der Engel auf dem Bild. In der Rechten hält er den Pilgerstab. Die bloßen Füße sind zu weiterem Aufbruch bereit.

Wesentlich werden

Die Entscheidung war überfällig gewesen: hinaus aus den Alltäglichkeiten, das alte Leben hinter sich lassen, fort aus allen Nichtigkeiten, den Berg besteigen, um einen neuen Horizont zu gewinnen. Der Aufstieg wollte gewagt sein. In der Nacht, der Morgenstunde, am Nachmittag – egal. Nur sogleich, Überblick gewinnen, endlich wieder den Durchblick haben, das Meer spüren, durchatmen, wesentlich werden.

Sie begab sich auf den Weg. Als sie oben auf dem Berg stand, waren die Strapazen des Aufstiegs verflogen. Tief unten lagen der Fluss und am Horizont das Meer. Es war, als verströmte der Ozean seine erfrischende Brise bis in diese Höhen. Die Seele atmete durch und wurde leicht wie eine Feder auf dem Odem Gottes.

Heilige Berge führen zur Begegnung mit dem Wesentlichen. Auf ihrem Gipfel steht kein Wirtshaus, nicht einmal eine Schutzhütte. Sie weisen über sich hinaus in eine andere Dimension und zu neuer Wahrnehmung. Denn hier oben liegt ein Geheimnis verborgen. Es leuchtet in blauem Licht, zeigt sich in wunderbarer Gestalt und bietet sich als Begleiter in eine neue Wirklichkeit an.

In allen Dingen schläft ein Lied. Und die Welt wird zu singen anfangen, wenn die Seele das Zauberwort ausspricht. Joseph Freiherr von Eichendorff (1788–1857) war ein Eingeweihter. In seinem Gedicht „Mondnacht“ beschrieb einen Moment der Wandlung:

Es war, als hätt' der Himmel
die Erde still geküsst,
dass sie im Blütenschimmer
von ihm nun träumen müsst'.

Die Luft ging durch die Felder,
die Ähren wogten sacht,
es rauschten leis' die Wälder,
so sternklar war die Nacht.

Und meine Seele spannte
weit ihre Flügel aus,
flog durch die stillen Lande,
als flöge sie nach Haus.

Robert Schumann vertonte Eichendorffs Gedicht „Mondnacht“. Träumerische Musik erhebt die Seele zu jenen Ausblicken, die Louis Janmot (1814–1892) ins Bild gesetzt hat. „Le Vol de l'âme“ ist eine Einladung, dem Flug der Seele in die Abenddämmerung hinein zu folgen. Das Licht der untergehenden Sonne streichelt ihr Gesicht. Der Blick richtet sich auf den Schutzengel an ihrer Seite. Er trägt ein blaues Gewand und darüber einen weißen durchsichtigen Schleier wie eine Braut. Die Kunst des Fliegens will geübt werden: Mit der Linken hält der Engel seinen Schützling und gibt seinem Flug eine Richtung.
Nicht der Gipfel ist das Ziel des Aufstiegs. Der höchste Punkt des Berges ist nicht das Ende, sondern der Anfang. Er markiert den Eintritt ins Geheimnis. Der Aufstieg hat sich über viele Stufen vollzogen. Sie zu durchschreiten war anstrengend, aber sie schenken einen sicheren Tritt. Über vertraute Pfade gelangt die Seele zu jenem höheren Ort, wo es keine Wege mehr gibt. Wer hier hinauf ins Wesentliche gelangen will und hinein in die Wahrheit seines Lebens, der muss das Fliegen lernen und vertrauen, dass er über Tiefen und Abgründe getragen wird.

Schutzengel

Tobias und der Engel Raphael

So leicht bekleidet in rosa Lendenschürzen können nur zwei Verliebte reisen. Es sind Tobias und sein Schutzengel. Sie wandern durch das Zweistromland zwischen Euphrat und Tigris. Ihre Geschichte spielt in vorislamischer Zeit. Sie ist alt und weist doch hinaus in die Zukunft.

Tobias war das Kind einer jüdischen Familie, die in die Mühlen der Geschichte geriet. Mehrere Schicksalsschläge trafen sie. Ihnen widerfuhr eine Heimsuchung, die sich bis auf den heutigen Tag wiederholt: Verfolgung und Ermordung religiöser Minderheiten, Deportation und Vertreibung.

Als der Vater schließlich erblindete, gab er seinem gerade der Kindheit entwachsenen Sohn den Auftrag zu einer Reise ins ferne Ausland. Dort hatte er ein Gelddepot für Krisenzeiten angelegt. Dem Vater zum Trost stellte sich ein Reisegefährte ein und gab vor, den gleichen Weg gehen zu wollen. Dass der Wegbegleiter vom Himmel geschickt wurde, erkannte niemand. Selbst Tobias, der in den kommenden Monaten Tag und Nacht mit ihm zusammen lebte, wusste nicht, dass ein Engel an seine Seite getreten war. Er hieß Raphael und wurde zum Urbild aller Schutzengel.

Sascha Schneider (1870–1927) zeigt eine Geschichte vom Erwachsenwerden. Raphael begleitet seinen Schützling auf dem Weg ins Leben. Der Jüngling spürt den rechten Arm seines Weggefährten. Die Flügel aber sieht er nicht. Denn seine Augen sind gehalten.

Sascha Schneider hat das Bild einer uneigennützigen Freundschaft gemalt. Ohne Begehrlichkeit wendet sich der Engel dem Knaben zu. Mit dem Pilgerstab weist er den Weg in die Zukunft. Dort wartet auf ihn das Mysterium der Liebe. Tobias wird Daniela kennenlernen. Daniela hatte ein dramatisches Frauenschicksal erlitten. Durch ihren Vater war sie mehrfach hintereinander verheiratet worden, doch immer starben die Ehemänner in der Brautnacht. In Tobias wird sie den ihr bestimmten Bräutigam erkennen. Denn Ehen werden im Himmel geschmiedet: Die Schutzengel von Tobias und Daniela hatten beschlossen, diese beide Menschen zusammenzuführen. In ihrem Auftrag war Raphael unterwegs. Er fügte zusammen, was seit Ewigkeit füreinander bestimmt war.

Das biblische Buch Tobias (Tobit) gibt ein schönes Beispiel, warum auch Geschiedene wieder zum Ehesakrament zugelassen werden sollten. Es nimmt dazu die himmlische Perspektive der Schutzengel ein. Das Scheitern einer Ehe mag dann ein Zeichen dafür sein, dass menschlicher, aber nicht göttlicher Wille waltete und die Ehe vor Gott und den Engeln nie gültig war.

Während die füreinander Bestimmten in das Geheimnis der Liebe eintauchen, wird der Brautführer Raphael das im Ausland deponierte Geld besorgen. Zurückgekehrt wird er seinem Schützling eine Ausbildung in der Kunst homöopathischer Heilung vermitteln. Denn aus den Innereien des Fisches, den Tobias trägt, stellt er unter Anleitung Raphaels eine Heilsalbe her, durch deren Anwendung er das Augenleiden des Vaters heilen wird.

„Gott heilt" oder „Gott ist dein Arzt" lautet daher der sprechende Name des Engels. Nach Raphael sind deshalb viele Krankenhäuser benannt worden.

„Einen Engel erkennt man erst, wenn er vorübergegangen ist!", lautet ein Sprichwort. So ist es auch in der Geschichte von Tobias, Daniela und Raphael. Hunde aber haben zuweilen den direkten Engelblick. Sie sehen und hören, was Menschenaugen und -ohren verborgen ist. Im Hintergrund des Bildes steht ein weiterer treuer Wegbegleiter des Menschen: Tobias' Hund – ein Engel im Pelz und auf vier Pfoten.

Engel in Menschengestalt

Dichter Kiefernwald im heiligen Russland, davor einige Birken und Büsche – ein Ort der Ruhe und Kontemplation. Versunken in ein Gespräch, schreiten zwei Männer über das freie Feld. Nichts lenkt sie ab. Der Mann

im schwarzen Anzug ist westlich gekleidet. In der rechten Hand hält er seinen Hut. Für den Spaziergang auf dem Land hat er sich zu warm angezogen. Deshalb trägt er seinen Mantel um die Schultern gelegt.
Offensichtlich ist dieser kräftige Herr mit der hohen Stirn und dem scharfen Blick eines Adlers aus der Stadt angereist. Sein Wegbegleiter im weißen Gewand eines Engels und mit einer schwarzen Kappe auf dem Haupt hält in der Rechten einen Pilgerstab. Seine Linke ruht auf dem Herzen. Aus dieser Tiefe letzter Wahrheit und Wahrhaftigkeit kommen seine Worte. Er ist ein Mann der Einfühlung, der Empfindung, der Mystik. Sein Blick wendet sich nach innen. Was er aus der Mitte seines Herzens spricht, versetzt den Besucher in tiefe Nachdenklichkeit.
Wenn die Welt in Flammen steht und Unrecht für Recht gilt, wenn der Nihilismus triumphiert und Gotteshäuser geschändet, Christen verfolgt und ermordet werden, dann ist die Stunde der Märtyrer gekommen. Sie bezeugen die Wahrheit in der Stunde der Lüge. Geradezu hellsichtig malte Mikhail Nesterov (1862–1942) das Doppelporträt im ersten Sommer der russischen Revolution.
Der schwarz gekleidete Herr ist Sergej Bulgakov (1871–1944), Professor für Ökonomie. Er steht kurz vor seiner Priesterweihe. 1922 geht er ins Pariser Exil und gründet dort das theologische Institut Saint-Serge. Sein Berater ist der Universalgelehrte Pavel Florenski (1882–1937), Priester, Professor für Mathematik, Kunstgeschichte, Philosophie und Elektrotechnik. Er wird Ende der Zwanziger Jahre zuerst in ein Arbeitslager nach Sibirien, dann auf die Gefängnisinsel Solowki im Weißen Meer deportiert. Dann erfolgt seine Ermordung in St. Petersburg.

Zu allen Zeiten hat es Engel in Menschengestalt gegeben. Sie haben ihre Knie nicht vor den Götzen gebeugt. Sie haben den Geist und den Glauben nicht verleugnet. Sie blieben der Stimme der Wahrheit und der Menschlichkeit treu. Noch im stalinistischen Todeslager gilt Pavel Florenskis Fürsorge seiner Frau Anna und seinen Kindern, wenn er schreibt: „Vergiss nie, dass ich immer an euch denke, mehr als wenn ich bei euch wäre, und dass ich mich innerlich ständig um euch sorge. Vielleicht wird dir dann leichter. Die seelische Ermüdung kann und muss man bekämpfen. Lies unbedingt etwas Schönes, hör Musik. Betrachte Bilder und Zeichnungen. Erfüll dein Leben mit Würdigerem. Man darf sich nicht gehenlassen, man darf seinen Horizont nicht einengen und sich nur mit Lappalien abgeben."
Es gibt einen inneren Reichtum. Er ist unzerstörbar. Deshalb ist die Besinnung auf das Schöne ein Akt des Widerstandes. Das Bild von Mikhail Nesterov deutet das Geheimnis aller Engel in Menschengestalt an: Sie legen die Hand aufs Herz und stärken so den inneren Menschen. Kurz nach dem seelsorgerlichen Gespräch mit Bulgakov hatte Florenski sein Testament gemacht und darin an seine Kinder geschrieben: „Trauert nicht um mich und grämt euch nach Möglichkeit nicht. Wenn ihr froh und zuversichtlich seid, werde ich Ruhe finden. Meine Seele wird immer bei euch sein und wenn der Herr es erlaubt, werde ich häufig zu euch kommen und euch anschauen. Ich bitte euch, und das sei mein Vermächtnis, vergesst diese Zeit eurer Kindheit nie und wendet euch immer um Hilfe an den Herrn, an die Gottesmutter, an den Knecht Gottes Sergij und weiter an den heiligen Nikolai den Wundertäter, den ehrwürdigen Serafim und eure Engel."

Karl Mays Engel

So kennen wir die Engel nicht! Oder doch? Ballen sie manchmal ihre Fäuste und lassen ihre Muskeln spielen, als wollten sie gleich knurrenden Hunden die Menschen warnen? Diesem Wächterengel im Wickelrock und bloßen Oberkörper entgeht nichts. Jede Bewegung registriert er. Er kann die bösen und die guten Gedanken lesen. Auf seiner Bauchschärpe befinden sich Augen als Symbole seiner Macht: Dieser Mann Gottes hat den Durchblick wie ein Dutzend Wachhunde. Hinter dem kämpferischen Engel mit den großen weißen Schwingen strahlt das Auge Gottes. Aus diesem Symbol zieht der spirituelle Bodyguard seine Legitimation und seine Kraft.
Sascha Schneider (1870–1927) hat den Einzelkämpfer als Titelbild für Karl Mays (1842–1912) Roman „Old Surehand" entworfen. Der Wickelrock ist ein Zugeständnis an den Schriftsteller, der Männlichkeit und Wehrhaftigkeit des Engels nicht mit geschlechtlichen Fragen vermischt wissen wollte. Karl Mays Edelmenschen bewegen sich auf einer spirituellen Ebene. Ihr Ziel ist das Engelleben. Hadschi Halef Omar spricht diesen Wunsch direkt aus:

„Ich möchte nämlich ein Engel sein!"
Worauf Kara Ben Nemsi antwortet:
„Ein Engel möchtest du sein? Nun, so sei doch einer!"

Das Wort bedarf einer Erläuterung. Um die ist Karl May nie verlegen. Wie die Hunde, die dem armen Lazarus die Wunden leckten, und die

S. Schneider. 04.
·OLD·SUREHAND·

gutmütigen Helfer auf vier Pfoten vom großen St. Bernhard, so denken Engel nicht an sich selbst, sondern kümmern sich um ihre Schützlinge. So führt der Weg wahrer Menschlichkeit zu einem Engelleben: „Wir sind nicht geboren, uns gegenseitig zu schädigen, sondern zu schützen. Das höchste Menschheitsideal ist uns vom ewigen Vater vorgestreckt: Wer danach trachtet, wirklich Mensch genannt zu werden, der gebe sich Mühe, der Schutzgeist oder Schutzengel seines Nebenmenschen zu sein, wenn nicht vieler, so doch von einigen oder wenigstens einem."

Das Titelbild von Sascha Schneider zeigt einen dieser Menschen, die durch ihre Fürsorge, Entsagung und Geduld, durch ihre umsichtigen Ratschläge und ihren entschiedenen Widerspruch gegen das Böse zum Schutzengel geworden sind. Es ist Old Surehand, in dessen Gestalt sich das Auge Gottes verkörpert. Gott hat unzählige Engel im Himmel und auf Erden. In seinem Roman „Old Surehand" legt Karl May ein Bekenntnis zum Schutzengel ab: „Lieber Zweifler, ich schmeichle mir ganz und gar nicht, dich zu meiner Ansicht, meinem Glauben zu bekehren, aber du magst sagen, was du willst, den Schutzengel disputierst du mir doch nicht hinweg. Ich bin sogar felsenfest überzeugt, dass ich nicht nur einen, sondern mehrere habe."

Er spüre auch, wie ihm seine Schutzengel beim Schreiben die Feder führen. Aus dieser Erfahrung der Inspiration folgte für Karl May ein Gefühl tiefer Dankbarkeit. Auch der kämpferische Engel mit dem Gürtel versteht sich als Diener eines höheren Auftrages. Ihm geht es allein darum, dass Gottes Wille geschehe.

Engel der Bedrängten

Triumph der Sternenkinder

Eine Familie auf der Flucht im Gaza-Streifen. Mit weiten Schritten schreitet der Vater voran. Hinter sich her zieht er den Esel mit Mutter und Kind. Verfolgung, Flucht und Suche nach einem Asyl sind ein Menschheitsschicksal. Kinder werden erschlagen, Frauen missbraucht, Söhne und Väter erstochen. Der Maler erlebte eine Welle der Christenverfolgung, als er 1877 mit seiner Familie in Palästina weilte. Wiederholt hatte er das Umland von Jerusalem besucht, um hier realistische Motive für seine Bilder zu finden. So trägt auch diese Flüchtlingsfamilie eine landestypische Kleidung.

William Holman Hunt (1827–1910) malte ein weit verbreitetes Motiv der abendländischen Kunst in nie gesehener Weise: Als König Herodes von der

Geburt Jesu hörte, sah er seine Herrschaft bedroht und ließ sämtliche Neugeborenen im Raum Bethlehem ermorden. An diesen Kindermord erinnert die Kirche im Fest der unschuldigen Kinder (28. Dezember). Heute mahnt dieser Tag auch zum ewigen Gedenken an die im Holocaust ermordeten Kinder. Doch wo waren die Schutzengel in der Stunde der Not? Wo sind die Schutzengel der Migranten und Asylanten, der Menschen in Lagern und hinter Gittern? Während andere Maler entsetzliche Gräuelszenen ins Bild setzten, wagte William Holman Hunt das Unglaubliche. Er malte die ermordeten Kinder als Engel. Als Lichterkreis umgeben sie die Heilige Familie auf der Flucht: Drei kleine Kinder erwachen zu neuem Leben. Sie strecken ihre Arme und reiben sich die Augen. Reigen tanzende Engelkinder umgeben Maria und Jesus. Glaskugeln rollen zwischen ihnen. Sie symbolisieren das Ewige Leben. Drei Engel schreiten Josef voran. Ein Engel hält einen Palmzweig, das Zeichen der Märtyrer und ihres Triumphes über den Tod. Ihm entspricht die Weizenähre in der Hand des Jesuskindes. Das Weizenkorn stirbt in der Erde und erlebt im Sterben die Auferstehung.

1865 hatte William Holman Hunt geheiratet. Seine Frau Fanny Waugh und sein erster Sohn Cyril starben kurz nach der Geburt. Hunt war durch dieses Schicksal bis in seine Grundfesten erschüttert. Obwohl ein gläubiger Mensch, durchlitt er schwere körperliche und seelische Krisen. Er kannte die uralte Überlieferung, nach der Frühgeborene und früh verstorbene Kleinkinder in Engel verwandelt werden und unsichtbar den Lebenden zur Seite stehen. Hunt wollte ein Bild über diese Sternenkinder malen.

Zehn Jahre nach dem Tod seines Kindes heiratete er Edith Waugh, die Schwester seiner Frau. Ein neues Leben hatte begonnen, aber die Erfahrung

des Verlustes begleitete William Holman Hunt. Immer wieder erprobte er neue Fassungen des Bildes. Die Schwierigkeiten nahmen kein Ende. Mal gab es Probleme mit dem Material, mal wurde er krank an Leib und Seele. Hunt fühlte sich regelrecht verfolgt, vermutete sogar einen dämonischen Widerstand gegen die Vollendung seines Bildes, das den Triumph der Unschuld und Liebe über alle grausamen Mächte dieser Welt zeigen will.
Am Weihnachtstag des Jahres 1879 erlebte Hunt während der Arbeit einen Höhepunkt dieser Anfechtungen. Plötzlich wurde das Haus erschüttert, als tobe draußen ein Orkan. Eine große Kreatur erschien, rüttelte an der Leinwand, rannte an dem Maler vorbei und verließ den Raum. Okkulte Erlebnisse dieser Art waren in der zweiten Hälfte des 19. Jahrhunderts nicht selten. Noch Rainer Maria Rilke wird auf Schloss Duino an spiritistischen Sitzungen teilnehmen. Auch John Ruskin (1819–1900) hatte den Spuk der Geister erlebt und dabei fast seinen christlichen Glauben verloren. Als ihn Hunt im Jahr 1881 vor das entstehende Bild führt, gewinnt er seinen Glauben an die Unsterblichkeit der Seele wieder. In seinen Vorlesungen preist er das Bild der geretteten Kinder: Hunt arbeite am bedeutendsten religiösen Gemälde der Zeit. Acht Monate fruchtloser Arbeit folgten. Hunts Gesundheit war durch den Kampf mit einem bösen Schicksal ernsthaft gefährdet. Erst 1897 sollte ihm die endgültige Fassung gelingen.
Cyril hieß das Sternenkind des Malers. Im „Triumph der Unschuldigen" versetzte der Vater seine unsterbliche Seele in einen fröhlichen Reigen kleiner Engel. Verwandelt sind die Kinder in ein Licht, das die Familie in der Dunkelheit des Lebens begleitet. Oft wirken sie im Verborgenen wie die treuen Hunde im Hintergrund des Bildes. Mit ihnen schließt sich der Kreis der Sternenkinder.

Der verwundete Engel

Eine karge Moor- und Heidelandschaft, wie sie im finnischen Nationalepos Kalevala besungen wird. Vor diesem Hintergrund tragen zwei Jungen einen verwundeten Engel.

Der Engel sitzt auf einer Tragbahre und klammert sich mit beiden Händen an die Holme. In der rechten Hand hält er ein Sträußchen von fünf Schneeglöckchen. Er senkt das Haupt mit dem flachsblonden Haar. Eine weiße Binde verdeckt die Augen. Sein langes weißes Gewand schleift über den Boden. Es gibt die bloßen Füße frei. Eine markante Rotfärbung und ein Riss im linken Flügel erklären den Titel des Bildes: „Der verwundete Engel“ oder im finnischen Original „Ja Haavoittunut Enkeli“.

Wie der mädchenhafte Engel, so befinden sich auch die beiden Jungen im Übergang von der Kindheit zur Jugendzeit. Die Burschen tragen schwere Stiefel. Sie gehen sicheren Schrittes. Während der erste mit einem Hut gekleidete Knabe in sich gekehrt schreitet, blickt der zweite den Betrachter mit ernster Miene an. Vielleicht fühlt er sich angegriffen, weil er noch an Engel glaubt, wo andere mit dem Erwachsenwerden ihren Schutzengeln den Rücken zukehren.

Hugo Simberg (1873–1917) gehörte zu den herausragenden Künstlern Finnlands. Nach einer schweren seelischen Krise malte er das Bild im Alter von 40 Jahren. Ein sechs Monate dauernder Krankenhausaufenthalt lag hinter ihm. Schwere Anfechtungen hatten ihn geplagt, manisch-depressive Phasen ihn erschüttert. Er hatte Auditionen und Visionen, deren Ursache von den Ärzten des Diakonissen-Krankenhauses in Helsinki nicht eindeutig geklärt werden konnte. Vielleicht waren sie die Folge einer Meningitis. Simbergs Engel entstand im Sommer 1903. Später malte er das Motiv noch einmal als Fresko im Dom von Tampere.

Als Simberg den Schutzengel auf der Bahre schuf, war Finnland noch keine eigenständige Nation. Erst im Selbstständigkeitskrieg von 1917/1918

unter Gustav Mannerheim konnte es sich von den russischen Besatzern befreien. Hugo Simberg hat zu Lebzeiten sein Bild nur einmal ausgestellt. Dann hielt er es bis zu seinem Tod vor den Augen der Öffentlichkeit verborgen. Erst später wurde „Der verwundete Engel" als Symbol des finnischen Befreiungskampfes gedeutet. Im Jahr 2006 verliehen Besucher des Nationalen Museums Helsinki Simbergs Engel eine besondere Auszeichnung. Sie ernannten es zum „nationalen Gemälde".
Dennoch ist der verwundete Engel von einem undurchdringlichen Geheimnis umgeben. Das Bild zeigt eine Momentaufnahme.

Woher kommt der Engel?
Wohin führt sein Weg?
Es ist die Stunde ohne Durchblick.
Was ist geschehen?
Wer verletzte den Engel?
Die Zusammenhänge erschließen sich nicht.
Wird er eines Tages wieder die Flügel ausbreiten?
Niemand kennt das Ende des Weges.

Doch so viel ist gewiss: Wer aus dieser Krise hervorgeht, wird nicht mehr in das alte Leben zurückkehren können. Die Erfahrung der Nacht und Ohnmacht verwandelt bis in den Grund – auch die Träger.

Drei jüdische Männer im Feuerofen

Glut unter der Asche. Holz wird nachgelegt. Es züngelt. Die Flammen schlagen hoch. Bald ist die Hitze unerträglich. Sämtliche Fluchtwege sind versperrt. Ein großer Ofen, aufgeheizt, als wollte man Eisen schmelzen. Drei Juden werden hineingeworfen, weil sie die Knie vor dem Diktator nicht gebeugt haben.

Jetzt ist die Stunde der Beter. Drei Jünglinge drängen sich Schutz suchend um den Mann, der noch im Feuerofen die Hände zu falten weiß. Er verneigt sich vor dem Unsichtbaren. Der Blick aus seinen halb geöffneten Augen geht nach innen. Ein Jüngling schließt die Augen vollständig, der andere schaut schwermütig auf den Betrachter. Der Beter aber weiß: Von allen Gebäuden, die Menschen errichtet haben, bleibt am Ende das Haus der gefalteten Hände. In ihm allein ist Sicherheit.

Plötzlich erscheint der Engel. Er trägt ein goldenes Gewand. Golden wie die Seele, die im Feuer geläutert, aber nicht vernichtet werden kann. Golden ist auch der Gürtel des Beters. Engel und Beter sind verbunden durch diese goldene Spur. Der übergroße Himmelsbote hält das Leben der drei Jünglinge in seinen Händen. Mögen die Flammen noch so hoch schlagen, seine riesigen Flügel sind Schirm und Schild. Sein Haupt ist vom Licht des Heiligenscheins umhüllt. Diesen Glanz gibt er an die Jünglinge weiter. Zart beginnt es auf ihren Häuptern zu strahlen.

Simeon Solomon (1840–1905) war das jüngste von acht Kindern einer jüdisch-orthodoxen Familie. Er wurde 1873 wegen seiner homosexuellen Neigungen verurteilt. Ein tiefer Karriereknick, Verarmung, Sturz in den

Alkoholismus und schließlich das Vergessenwerden zu Lebzeiten waren die Folge. Das Bild entstand zehn Jahre vor diesem Zusammenbruch. Dargestellt ist die Erfahrung der Ausgrenzung, Verfolgung und des Mordversuches. Simeon Solomon ließ sich von einer bekannten Erzählung aus dem Buch Daniel inspirieren. Sie führt in die Zeit der Deportation der jüdischen Oberschicht an den Hof des Tyrannen Nebukadnezar im heutigen Irak. Die Jünglinge Shadrach, Meshach and Abednego dienen dem Despoten in weltlichen Dingen, weigern sich aber, ihre religiöse Identität zu opfern. So lässt sie der Gewaltherrscher in einen Feuerofen werfen, der heute auf bedrückende Weise an Szenen aus der Shoah denken lässt.
Diese Feuerstätte ist der Abgrund: ein Ort der Vernichtung, der Auslöschung, der Gottesfinsternis, die Hölle. Die drei Jünglinge steigen hinab in das Reich des Todes, in den Ort der Gottferne, des Nichts.
Ungeheuerlich ist die Botschaft aus der Tiefe: Auch im Feuerofen wurde gebetet. Der Lobpreis des Ewigen verstummte nicht in den Flammen:

Lobt den Herrn, ihr Engel des Herrn,
preist und rühmt ihn ewiglich!
Feuer und Hitze, lobt den Herrn,
preist und rühmt ihn ewiglich!
(Daniel 3,36ff.)

In der Gottesferne erklang der Lobpreis Gottes. Hier, in der äußersten Bedrängnis erschienen Engel. Darüber kann nur ganz leise mit gefalteten Händen gesprochen werden und nur von denen, die Augenzeugen waren. Daniel erlebte die Opferung der Jünglinge und bezeugte ihre Rettung durch den Engel.

Der Prophet Israels war ein großer Traumdeuter. Auch deshalb übte er auf Simeon Solomon eine nachhaltige Faszination aus. In seinem Edward Burne-Jones gewidmeten Werk „A Vision of Love revealed in Sleep" („Eine Vision der Liebe, offenbart im Schlaf", 1871) lässt er sich von Sprüchen aus dem Hohenlied der Liebe inspirieren. Diese Vision trug ihn auch durch jene Jahrzehnte, als er wegen seiner Veranlagung geächtet und ausgegrenzt wurde. Denn auch in diesem Feuer hörte er nicht auf zu lieben und zu malen. Wie die Männer im Feuerofen blieb Simeon Salomon seiner Berufung treu. Welcher Preis dafür zu zahlen war, wusste nur der mächtige Engel.

Denn Liebe ist stark
wie der Tod und
Leidenschaft unwiderstehlich
wie das Totenreich.
Ihre Glut ist feurig
und eine Flamme des Herrn.
(Hoheslied 8,6)

Engel der Vollendung

Der Riese Islam fürchtet sich nicht

Ein Planet schwebt in den unendlichen Weiten des Universums. Er ist die Heimat aller Menschen. Begleitet wird er von einem großen Engel, der seinen rechten Flügel schützend über die Erde hält. Aus der Perspektive des Himmels schwinden die Gegensätze auf der Erde. Juden, Christen und Muslimen – allen Menschen aller Hautfarben und Religionen sendet der Himmelsbote das Licht der Liebe. Es leuchtet aus dem Stern der Erlösung, den der Engel in seiner Rechten hält. Dieser Stern weist den Erdbewohnern einen Weg durch Raum und Zeit. Seine Botschaft lautet:

Friede auf Erden!
Salam!
Shalom!

Das sind die Worte der Engel. Sie erklangen bei den Hirten auf dem Feld zu Bethlehem. Sie fanden Widerhall im „shalom alechem" des Judentums, im „salam aleikum" des Islam und wurden zum Programm der späten Romane Karl Mays (1842–1912). Der Autor frei erfundener Wild-West-Geschichten und orientalischer Reiseerzählungen hatte einen vielfach verschlungenen Lebensweg voller Höhepunkte und Krisen gehen müssen. Mit dem Roman „Friede auf Erden" eröffnet er sein mystisches Spätwerk: Eine multikulturelle und multireligiöse Gruppe von Menschen begibt sich von Kairo auf die Reise nach China. Die unterwegs erlebten religiösen Konflikte bieten Karl May vielfältigen Anlass, seine pazifistischen Gedanken zu entfalten und für Toleranz zu werben. Bertha von Suttner (1843–1914), Trägerin des Friedensnobelpreises 1905, bewunderte deshalb Karl Mays Engagement für den Weltfrieden. Der Maler Sascha Schneider (1870–1927) entwarf den Friedensengel mit dem betont männlichen Körper. Schneider hatte eine Professur für Aktmalerei in Weimar. Nicht nur als Künstler bevorzugte er männliche Körper. Die Freikörperkultur der Jahrhundertwende tolerierte diese Darstellungen. Auch der Friedensengel sollte die nackte Wahrheit zeigen.

Karl May glaubte fest an die Wirklichkeit der Engel. In seinem Roman „Ardistan und Dischinnistan“ wiederholt eine weise alte Kurdin die Friedensbotschaft der christlichen Engel: „Ehre sei Gott in der Höhe und Friede auf Erden!“ Alles Sichtbare sei nur ein Fingerzeig auf das Unsichtbare, lehrte sie. Mit den Augen der Seele könne jeder Mensch die himmlischen Heerscharen der Engel sehen und mit den Ohren des

Herzens ihre Botschaft vernehmen: „Und hätten wir nicht ein sterbliches, sondern ein unsterbliches Gehör, so würden wir jetzt die Stimme des Obersten dieser Heerscharen vernehmen, die über den ganzen Erdkreis schallt: Ist Friede auf Erden?“

In Sitara, dem Land des Friedens und der Versöhnung, sind auch die Gegensätze des Geschlechtes aufgehoben. Deshalb ließ Karl May das männliche Geschlecht des Engels durch den Künstler übermalen.

Der Labyrinthweg seines eigenen Lebens bewahrte ihn vor dem Wunschdenken mancher Pazifisten. Karl May glaubte an den Sieg des Friedens, aber er sah auch die kommenden Konflikte des 21. Jahrhunderts: „Denn auch der Orient beginnt schon, sich zu regen. Er streckt die Glieder; er prüft die Muskeln, die Gelenke. Der Riese Islam, dessen mächtige Gestalt auf europäischer, asiatischer und afrikanischer Erde ruht, fürchtet sich nicht vor der scheinbaren Übermacht des Abendlandes. Das Kismet (Schicksal), an welches er glaubt, ist unwiderstehlich im Angriff und von unendlicher Ausdauer. Es wiegt die Übermacht der europäischen Waffen auf. Gebt dem Morgenland gute Führer, so wird es siegen.“

Der große schwebende Engel begleitet den Planeten durch das Abenteuer der Zeit. Seine Friedensbotschaft ist eine Verheißung an alle Menschen. Engel beriefen die jüdischen Propheten, der Engel Gabriel (Dschibrail) offenbarte dem Propheten Mohammed das heilige Buch des Islam und begleitete ihn auf der Himmelsreise. Er verkündigte die Geburt Jesu. Judentum, Christentum und Islam kennen den Dienst der Schutzengel. Im Zeichen der Engel, so glaubte Karl May, könnte eines Tages wieder Frieden werden auf Erden.

Gott ist groß!

Die Mädchen tragen prächtige farbenfrohe Kleider aus Brokat und Seide. Bis auf drei neue Mitglieder des Chores sind alle textsicher und heben den verklärten Blick von der Liederrolle. Die Mädchenkantorei hat sich in zwei Reihen aufgestellt. Zwölf Engel umgeben eine junge Frau im grünen Gewand. Sie steht erhöht in der Mitte. Leicht öffnen sich ihre betenden Hände wie eine Muschel im Strom der Gezeiten. Das Geheimnis der Mitte will sich verströmen.

Jedes Mitglied des Chores ist individuell ins Bild gesetzt – bis in das chinesische Muster eines hellblauen Kleides und den Ausdruck seelischer Empfindung durch Mimik und Gestik. Eine zarte brünette Schönheit im roten Gewand mit goldenem Besatz neigt das Haupt und legt die Hände zur Andacht ineinander. Wie Maria ist sie ganz Hingabe an einen höheren Willen. Ihr Kontrapunkt ist das kleine Mädchen in der unteren Reihe. Es hebt den Finger der Rechten, als wolle es eine Mitteilung machen. Ein anderes Mädchen lässt sich ablenken und schaut zur Seite. Doch alle gehören zu einem Chor!

Der Maler Thomas Cooper Gotch (1854–1931) zeigt die Einheit in der Vielzahl der Stimmen und Stimmungen. Das Geheimnis wird in unterschiedlicher Intensität erfahren. Doch jedes Kind ist von ihm auf seine Weise beseelt.

Himmlische Chöre singen Gott zur Ehre, heißt es in einem Lied. Und Hildegard von Bingen (1098–1179) weiß: Neun Chöre der Engel rühmen und preisen Gottes Herrlichkeit. Denn Gott ist schön – die Kleider der Mädchen bezeugen es – und seine Werke sind so herrlich wie am ersten Tag. Auf jedem Kindergesicht leuchtet sein Antlitz wie in der jungfräulichen Morgenröte der Schöpfung.

Seraphim und Cherubim, Throne, Herrschaften, Fürstentümer, Mächte und Kräfte, Erzengel und Engel stimmen den großen Lobgesang nicht zur Unterhaltung an. Ihr Gesang ist ihr Gebet. Wer singt, hebt wie die Mädchen das Haupt, schaut die Herrlichkeit, wird Hingabe und verströmt sich. Das Halleluja der Engel und Mädchen ist eine Aufforderung: Preiset ihr Völker den Herren. Lobt ihn, ihr Wale in den Ozeanen und ihr Vögel unter dem

Himmel! Jubelt, ihr Hunde und Katzen, ihr Karnickel und Wellensittiche. Ihr Fische im Wasser bleibt nicht stumm!
„Lobt Gott! Alleluya!“, ermuntert die lateinische Inschrift an der Wand. Mensch, Tier und Engel sollen sich in einem Chor vereinigen. Der Text des Chorals, den die Mädchen vortragen, erscheint im Hintergrund. Die Inschrift ist ein Gregorianischer Choral, wie er an Allerheiligen angestimmt wird. Sie lautet:

Sancti tui, domine, benedicent te: gloriam regni tui dicent. Alleluya.
(Deine Heiligen, Herr, rühmen dich: Sie preisen deine Herrschaft. Halleluja.)
(Psalm 144,10f.)

Thomas Cooper Gotch war ein weit gereister Künstler. Er hatte in Australien und Florenz gelebt und gearbeitet, bevor er sich in seiner englischen Heimat niederließ und eine Malschule für Kinder gründete. In seinem Haus pulsierte das Leben. Kinder kamen, zeichneten, tobten ausgelassen durch den Garten, konnten aber auch in der Stille verharren, wenn Thomas Cooper Gotch sie malen wollte. Seine Tochter Phyllis stand Modell für die junge Frau in der Nische. Ihre Freundinnen ließen sich als engelgleiche Sängerinnen malen.
Phyllis und ihre Freundinnen singen das große Halleluja. Mit den Engeln und Heiligen, mit der sichtbaren und der unsichtbaren Schöpfung jubilieren sie vor dem Angesicht Gottes. Er ist der Dirigent dieses Chores. Im Rühmen und Loben vereinigen sich Himmel und Erde. Rühmen, das ist die Mitte jedes Gottesdienstes.

Thomas Cooper Gotch hat einen himmlischen Moment gemalt und eine Erfahrung weitergegeben: Wer diese Engel auf Erden sieht und einstimmt in ihren Gesang, der ist von allen Dunkelheiten befreit. Er öffnet sein Herz und lässt sich von Gott finden. So wird auch er in Gesang verwandelt. Gott singt in ihm.

Das Rosenwunder

Im Jahr 1895 erwarb Henry Tate das Bild einer Heiligen. Es zeigt die ruhende Cäcilia und zwei musizierende Engel im Rosengarten. Die Reproduktion des Gemäldes wurde zur bestverkauften Postkarte der Londoner Tate Gallery. Seit dem Jahr 2000 gehört das Original Sir Andrew Lloyd Webber. Er kaufte es für 6,6 Millionen Pfund.

Am Vorabend des 20. Jahrhunderts hatte John William Waterhouse (1849–1917) ein geheimnisvolles Bild der Stille gemalt: einen Ort der Entspannung, eine Stätte der Konzentration und Meditation. Hier am

Meer ereignet sich das Wunder der himmlischen Hingabe an das Wesentliche.

In das von Mauern geschützte Refugium dringt kein Lärm. Kein Geräusch von Industrie, Technik oder Verkehr lenkt ab von der Begegnung mit der inneren Welt. Waterhouse zeigt die Heilige Cäcilia als erotische Schönheit. Wie alle Menschen, die konsequent ihren Weg gehen und dabei ihrer Berufung treu bleiben, erlebte sie viele Anfeindungen. Für ihren Glauben wurde sie verfolgt und schließlich ermordet. Mit ihrem Mann hatte sie ein Keuschheitsgelübde abgelegt. Aus dem Verzicht schöpfte sie Kraft für eine höhere Form der Hingabe. Denn ihre Sinnlichkeit war ganz auf die unsichtbare Welt gerichtet. Täglich hatte sie Umgang mit den Engeln und hörte ihre himmlische Musik. Daher wurde sie später die Schutzpatronin der Musiker.

Wie viele Maler seiner Zeit ließ sich Waterhouse von dem Gedicht „The Palace of Art“ (1832) Alfred Lord Tennysons (1809–1892) inspirieren: In einem Rosengarten am Meer ruht die zarte Jungfrau in einem Stuhl. Ihre gefalteten Hände liegen auf einem illustrierten mittelalterlichen Buch. Eine weiße Schürze mit goldener Stickerei am Saum bedeckt ein Untergewand. Seine altrosa Farbe spiegelt sich in den Mohnblüten. Opiumtinkturen (Laudanum) waren eine häufig verordnete Arznei im 19. Jahrhundert und wurden von Künstlern gerne zur Steigerung ihrer Kreativität genommen.

Die Heilige bedarf dieser Droge nicht. Himmlische Musik der Engel macht sie zu einem sprudelnden Brunnen der Liebe und verwandelt ihr ganzes Wesen in Hingabe. Vor dem Ruhesessel der Heiligen steht ein Portativ, eine

kleine tragbare Orgel. Zwei weibliche Engel musizieren daneben auf einer Geige und einer Lyra. Ein goldenes Band hält ihr braunes Haar zusammen. In der Mitte, direkt auf der Stirn liegend, ist es geschmückt mit einer Perle, dem Zeichen der Reinheit. Sie haben ihre Augen geöffnet, aber ihr Blick ist nach innen gewandt.
Die Engel spielen knieend. Auch die Heilige pflegt auf den Knien zu musizieren: Vor ihrer Orgel liegt ein Kissen, rot wie die Farbe der Märtyrer. Denn ohne vollkommene Hingabe teilt sich das Geheimnis nicht mit. Ein Rosenwunder kennzeichnet die Stätte der Wandlung. Rosen mit zart rosafarbenen Blüten beginnen Engel und Heilige zu umwinden. Sie sollen diesen Ort nie mehr verlassen. Denn die Heilige ist kein schlafendes Dornröschen. Sie wartet nicht auf den Helden, der von außen kommend durch die verschlungenen Rosenzweige tritt. Ihr Bräutigam kommt aus einer anderen Welt.
John William Waterhouse hat ein überirdisches Bild gemalt. Seine Heilige wird nie wieder in die Welt der sichtbaren Dinge zurückkehren. In der Mitte des Gartens öffnet sich die Mauer. Stufen führen zu einem kleinen Hafen. Hier liegen zwei Segelschiffe. Sie haben die Segel eingeholt. Diese Schiffe werden nicht mehr zur See fahren.
Wer in die Stille von Cäcilias Paradiesgarten tritt, lässt das Meer des Lebens hinter sich. Hier ist die Mitte. Hier ist das Ziel.

Bildnachweis

Umschlag:

Vergiss die himmlische Heimat nicht!

Edward Robert Hughes (1851–1914): Night with her train of stars and her great gift of sleep (1912), Öl auf Leinwand, Birmingham Museum and Art Gallery, Wikimedia Commons

S. 8: Seit wann bin ich?

Louis Janmot (1814–1892): Le poème de l'âme (Lyoner Zyklus), Nr. 1: Génération divine, Öl auf Leinwand, Musée des Beaux-Arts Lyon, © akg/De Agostini Picture Lib.

S. 11:

Vergiss die himmlische Heimat nicht!

Edward Robert Hughes (1851–1914): Night with her train of stars and her great gift of sleep (1912), Öl auf Leinwand, Birmingham Museum and Art Gallery, Wikimedia Commons

S. 14: Schutzengel, Mutter und Kind

Louis Janmot (1814–1892): L'Ange et la mere, Öl auf Leinwand, Musée des Beaux-Arts Lyon, © akg/De Agostini Picture Lib.

S. 19: Ein hochbegabtes Mädchen

Dante Gabriel Rossetti (1828–1882): The Girlhood of Mary Virgin (1848/49), Öl auf Leinwand, Tate Gallery London, The Yorck Projekt, Wikimedia Commons

S. 22: Die Magd des Herrn

Gabriel Rossetti (1828–1882): Ecce Ancilla Domini (1858), Öl auf Leinwand, Tate Gallery London, Wikimedia Commons

S. 26: Das Opfer

Arthur Hughes (1832–1915): The Nativity (1857/59), Öl auf Leinwand, Birmingham Museums and Art Gallery

S. 30: Augen der Seele

Annie Swynnerton (1844–1933): The sense of sight (1895), Öl auf Leinwand, Walker Art Gallery Liverpool, Wikimedia Commons

S. 33: Wohnen im Herzen

George Frederick Watts (1817–1909): The Dweller in the Innermost (1885/86), Öl auf Leinwand, Tate Gallery London, © akg-images

S. 35: Licht der Welt

William Holman Hunt (1827–1910): The Light of the World (1851/52), Öl auf Leinwand mit einem Goldrahmen, Keble College Oxford, © akg-images

S. 40: Der schlechte Weg

Louis Janmots (1814–1892): Le Mauvais sentier (um 1850), Öl auf Leinwand, Musée des Beaux-Arts Lyon, dalbera, Wikimedia Commons

S. 45: Amor und Psyche

Annie Swynnerton (1844–1933): Cupido and Psyche (1891), Öl auf Leinwand, Oldham Art Gallery and Museum, Everystock-photo.com

S. 49: Dantes große Liebe

Dante Gabriel Rossetti (1828–1882): Dantis Amor (1860), Öl auf Mahagoni, Tate Gallery London, Wikimedia Commons

S. 52: Sir Lancelot und der Gral

Edward Burne-Jones (1833–1898): The dream of Sir Lancelot at the chapel of the Holy Grail/Der Traum Lanzelots vor der Gralskapelle (1896), Öl auf Leinwand, Southampton City Art Gallery, © BRIDGE-MANART.COM

S. 57: Das Herz der Rose

Edward Burne-Jones (1883–1898): The Heart of the Rose/Das Herz der Rose (1889), Öl auf Leinwand, Privatbesitz, © ddp images

S. 60: Wesentlich werden

Louis Janmot (1814–1892): Le Vol de l'âme/The Flight of the soul (1860), Öl auf Leinwand, Musée des Beaux-Arts Lyon, Wikimedia Commons

S. 64: Tobias und der Engel Raphael
Sascha Schneider (1870–1927): Tobias und der Engel (1921), Öl auf Leinwand, Privatbesitz, Hans-Gerd Röder, Wikimedia Commons

S. 67: Engel in Menschengestalt
Mikhail Nesterov (1862–1942): Die Philosophen Sergeji Bulgakov und Pavel Florensky (1917), Öl auf Leinwand, Tretjakow-Galerie Moskau, © akg-images

S. 71: Karl Mays Engel
Sascha Schneider (1870–1927): Old Surehand (1904), Öl auf Leinwand, Privatbesitz, Hans-Gerd Röder, Wikimedia Commons

S. 74: Triumph der Sternenkinder
William Holman Hunt (1827–1910): The Triumph of the Innocents (1883/84), Öl auf Leinwand, Tate Gallery London, Wikimedia Commons

S. 77: Der verwundete Engel
Hugo Simberg (1873–1917): Ja Haavoittunut Enkeli (1903), Öl auf Leinwand, Ateneum – Museum of Finnish Art, Helsinki, Wikimedia Commons

S. 82:
Drei jüdische Männer im Feuerofen
Simeon Solomon (1840–1905): Shadrach, Meshach and Abednego preserved from the burning fiery furnace (1863), Wasserfarben, Besitzer unbekannt, © Fine Art Photographic Library/Corbis

S. 85: Der Riese Islam fürchtet sich nicht
Sascha Schneider (1870–1927): Friede auf Erden (1904), Öl auf Leinwand, Privatbesitz, Hans-Gerd Röder, Wikimedia Commons

S. 87: Gott ist groß!
Thomas Cooper Gotch (1854–1931): Alleluia (Halleluja) (1896), Öl auf Leinwand, Tate Gallery London, Wikimedia Commons

S. 91: Das Rosenwunder
John William Waterhouse (1849–1917): Saint Cecila (1895), Öl auf Leinwand, Privatbesitz, Wikimedia Commons